LE POULPE

CHILI INCARNÉ

LE POULPE

Jean-Bernard Pouy	*La petite écuyère a cafté*
Serge Quadruppani	*Saigne sur mer*
Patrick Raynal	*Arrêtez le carrelage*
Didier Daeninckx	*Nazis dans le métro*
Noël Simsolo	*Un travelo nommé désir*
Franck Pavloff	*Un trou dans la zone*
Paul Vecchiali	*La pieuvre par neuf*
Jean-Jacques Reboux	*La cerise sur le gâteux*
Pascal Dessaint	*Les pis rennais*
Claude Mesplède	*Le cantique des cantines*
Olivier Thiébaut	*Les pieds de la dame aux clebs*
Gérard Delteil	*Chili incarné*

Du même auteur : ...

Chili con carne, Scandéditions, 1993,
réédition Folio/Gallimard, 1995
Viva Villa, Dagorno, 1994
Cerro rico, la mine aux enfants,
Éditions de la Renaissance, 1995
La nuit de l'apagon, Fleuve noir, collection Aventures, 1995
Mort d'un satrape rouge, Métailié, 1995

ISBN : 2-84219-015-7
ISSN : 1265-986X

LE POULPE

gérard delteil

CHILI INCARNÉ

LE POULPE

ÉDITIONS BALEINE

À G.J. Arnaud,
pour ses facultés prémonitoires
ou pour la qualité de son information.

1

La rue Loayza est une des plus enfumées de La Paz, ville qui occupe une place de choix au hit-parade de la pollution.

C'est une artère relativement étroite, encaissée entre des constructions sans caractère aux façades décrépies et encombrée par des files ininterrompues de véhicules hors d'âge qui crachent leur venin noirâtre. Elle traverse le quartier des banques et grimpe assez raide jusqu'à l'*alto*, le quartier pauvre qui surplombe la capitale bolivienne(1).

Gravir cette rue est un calvaire pour un étranger qui n'a pas encore eu le temps de s'habituer à vivre à trois mille cinq cents mètres d'altitude. Luis Merino suffoquait avant d'avoir parcouru la moitié de la distance qui le séparait de son hôtel. Il aurait voulu presser le pas, mais ses jambes refusaient de lui obéir. La foule qui encombrait le trottoir ne facilitait pas son ascension. Les Indiennes accroupies sur le sol, leurs enfants dans les bras, le nez à

(1) La Paz est une des rares villes du monde où les pauvres vivent plus haut que les riches. Ce qui s'explique en raison du climat : plus on s'élève, plus l'air se raréfie, plus le froid se fait vif en hiver. Vivre en bas peut donc être considéré comme un privilège, même si l'on y respire sans doute davantage de souffre et d'oxyde de carbone...

la hauteur des pots d'échappement, tendaient la main vers lui. Son élégant costume clair leur laissait espérer un geste généreux – que pouvait bien représenter une poignée de bolivianos pour ce *gringo* ? Cet espoir était vite déçu lorsqu'elles croisaient son regard dur.

Merino était chilien et originaire de Valparaiso, ville située au niveau de la mer. Jamais il n'aurait imaginé qu'il soit possible de souffrir à ce point. Les maux de tête l'avaient pris dès sa descente de l'avion. Quelques heures plus tard il avait ressenti cette sensation d'étouffement, comme si sa poitrine était serrée dans un étau. Il s'était bourré de médicaments, mais rien n'y avait fait. Quand les employés de l'hôtel l'avaient vu, suant et soufflant pour coltiner sa valise, ils avaient rigolé entre eux, en douce. L'Hôtel Viena n'est pas un établissement très chic, mais on le lui avait recommandé comme discret. Dès qu'il s'était retrouvé seul dans sa chambre, il avait retiré sa veste, desserré son col et s'était allongé sur le lit. Une odeur désagréable imprégnait les couvertures, mais il n'y avait pas accordé importance. Il aurait tout le temps de se soucier de son confort quand tout serait réglé. Après une petite heure de repos, il avait pris un taxi pour se rendre à son rendez-vous, dans le quartier des ambassades. Il avait patienté trois quarts d'heure, puis prit la décision de rentrer à l'hôtel et d'attendre qu'on le contacte. Et c'est au moment de monter dans le taxi qu'il avait remarqué l'Indien au blouson jaune. Il avait renvoyé le taxi et observé l'attitude de l'autre, pour avoir la certitude qu'il le suivait. Merino était rompu à ce genre de pratique.

Plusieurs années de collaboration avec la Dina et la CNI[1] l'avaient doté d'un sixième sens pour repérer une filature. Il avait agi comme il le faisait toujours dans des circonstances semblables. Mais il avait compté sans ce satané *sorroche*, le mal de l'altitude, qui le transformait en vieillard asthmatique.

Parvenu au croisement de la calle Mercado, Merino prit appui sur une voiture en stationnement, pour souffler. Il avait renoncé à semer son suiveur. Il n'avait plus qu'une idée : parvenir à l'hôtel. Il y serait momentanément en sécurité et pourrait appeler pour demander de nouvelles consignes. Pourtant, il en avait conscience, c'était l'épuisement et non un raisonnement logique qui lui dictait cette tactique. S'il avait été en pleine possession de ses moyens, il aurait entraîné ce type dans une galerie marchande aux multiples issues, ou bien dans une ruelle déserte où il lui aurait réglé son compte après lui avoir tiré les vers du nez. Au moins aurait-il pris la précaution de changer d'hôtel. Mais, dans cet état d'épuisement, le besoin de s'allonger, de fermer les yeux devenait une nécessité vitale, une obsession. Ses réflexes professionnels ne l'avaient pourtant pas complètement abandonné : tout en s'efforçant de reprendre un peu de souffle, il inspecta la rue, derrière lui, sans se retourner, en utilisant le rétroviseur de la Toyota sur laquelle il s'appuyait. Dans la foule qui se bousculait, il ne distingua pas le petit homme au blouson jaune. Cela ne le rassura pas. Il est toujours préférable de garder à l'œil un homme qui

(1) Dirección del Intelligencia Naciónal y Central Naciónal de Investigación : police secrète sous la dictature du général Pinochet.

vous suit ainsi. Peut-être blouson jaune avait-il passé le relais à un comparse que Merino aurait du mal à identifier.

Quand le feu du carrefour changea de couleur, Merino rassembla ce qu'il lui restait de forces pour se lancer dans la traversée de la calle Mercado. Ce n'était pas une mince affaire, car si une partie des véhicules était immobilisée par le feu rouge, une autre, qui tournait sur sa droite pour s'engager dans la rue Loayza, fonçait sur les piétons sans la moindre retenue. À La Paz, comme dans beaucoup de villes d'Amérique du Sud, il existe deux codes de la route : le code officiel, consigné dans les manuels, et le code officieux qui donne la priorité absolue au plus gros, au plus dangereux et au plus décidé. Ce dernier ne donne aux piétons que le droit de courir très vite pour ne pas se faire écraser.

Merino réussit à éviter un pick-up Ford où s'entassaient des ouvriers casqués puis à échapper au pare-chocs d'un camion. Il allait parvenir sur l'autre rive de la calle Mercado, à quelques centaines de mètres de son hôtel, lorsqu'il ressentit une vive douleur à la base de la nuque. Il attribua cette souffrance à un brusque regain de *sorroche* et, sur sa lancée, fit encore deux pas en avant. Il eut le temps de voir un flot poisseux souiller son costume avant de perdre connaissance et de s'effondrer.

La foule poursuivit son chemin sans se préoccuper de la chute du *gringo*. Seuls deux adolescents et une vieille femme s'immobilisèrent au bord du trottoir devant le corps inerte. La foule grossit peu à peu sans que personne ne fît le moindre geste en direction de la victime. Les visages étaient figés, inexpressifs. Il était difficile de savoir quels sentiments leur inspirait ce spectacle. Quelques minutes s'écoulèrent avant que le petit policier indien casqué qui était censé régler la circulation quitte son poste pour venir se pencher sur le cadavre. Il crut d'abord avoir affaire à un ivrogne, lui toucha l'épaule de la pointe de sa botte. Puis il remarqua le manche de corne qui dépassait du dos de l'homme. Ce manche, de couleur claire, ne tranchait pas sur la veste de la victime, de sorte qu'on ne le distinguait pas immédiatement. Alors le policier porta son sifflet à ses lèvres.

L'homme au blouson jaune observait la scène, à bonne distance. Il alluma une cigarette, en tira une bouffée, puis s'éloigna en direction de l'*alto*, d'un pas égal.

2

– C'est incroyable, ce que les journalistes sont capables d'inventer !

L'homme replia le journal, le posa sur le zinc et vida son verre. C'était un plombier qui travaillait dans le quartier et prenait ses pauses au Pied de Porc à la Sainte-Scolasse. Gabriel Lecouvreur le connaissait de vue.

– Vous permettez ?

Il prit le journal. Un exemplaire froissé du *Monde*, vieux de deux jours. Une brève avait été encadrée au stylo feutre vert. Il la lut à haute voix.

– « *Un avocat accuse des militaires chiliens d'avoir monté un trafic de fausses momies dans les dernières années de la présidence du général Pinochet. Ces momies, fabriquées avec les cadavres de victimes de la police secrète, auraient été vendues à des archéologues... »*

– C'est ça qui vous étonne ? demanda-t-il au plombier.

– Parce que, pour vous, c'est un fait divers crédible ? rétorqua le spécialiste ès tuyauteries et siphons.

Derrière son comptoir, Gérard se mit à martyriser sa moustache, signe d'intense réflexion.

– Cette histoire de momie, ça me rappelle un truc.

Le plombier pointa son doigt sur le patron du Pied de Porc.

– Tintin, *Les sept boules de cristal.*

– Eh bien tu as tout faux, mon camarade. Ça me rappelle la coupe du monde de football.

Le plombier ne réussit pas à dissimuler sa perplexité.

– La coupe du monde de foot ? Quel rapport avec les momies ? D'abord, quelle coupe du monde ?

– Celle de 74, si j'ai bonne mémoire.

– Ça commence à faire vieux. (Le plombier se tourna vers Gabriel.) Vous seriez capable de dire qui a gagné en 74, vous ?

– J'avais quatorze ans, fit le Poulpe, rêveusement. J'étais au lycée Charlemagne. Oui, je m'en souviens très bien. Pas du vainqueur, mais de la coupe.

– Je croyais que le sport te gonflait, observa Gérard.

– Oui, mais c'est à cause de la coupe que je me suis fait vider de ce bahut, avec perte et fracas. Ce sont des choses qu'on oublie pas, même après vingt ans.

– Je ne vois toujours pas ce que les momies viennent faire là-dedans, remarqua le plombier, toujours plus dubitatif.

– Il faut tout lui expliquer ! ricana Gérard en adressant un clin d'œil à Gabriel.

– Eh bien explique vite ! Parce que moi, mon pote, je dois retourner au taf.

– C'est simple, j'ai lu ça dans un polar. À l'époque, j'avais le temps de lire. J'achetais des livres quand je prenais le train. Maintenant, je me déplace en bagnole, alors je ne lis plus. En général, aussitôt lu, aussitôt oublié. Mais celui-là m'avait marqué. Je ne pourrais pas te dire le titre, ni le nom de l'auteur, mais je me souviens très bien de l'histoire. C'est un type qui retrouve un copain à lui au musée de Mexico.

– Et alors ?

– Le problème, c'est que le copain en question est sous forme de momie.

– Ah merde ! Ça doit faire un choc, observa le plombier. Mais les auteurs de polars, c'est comme les journalistes, ils inventent n'importe quoi. Ça ne tient pas debout.

– C'est aussi ce que je me suis dit. Maintenant, j'avoue que je m'interroge. Fais-moi voir ce canard.

Le Poulpe lui tendit le journal. Gérard ajusta ses binocles et relut l'entrefilet, à mi-voix.

– Et la coupe du monde de foot ? s'inquiéta le plombier qui avait de la suite dans les idées.

– Le type en question, celui qui retrouve son pote au musée, il est argentin. Et la coupe du monde, en 74, figure-toi qu'elle a eu lieu en Argentine.

– Et alors ?

– Il y avait des tas de gens qui ne voulaient pas qu'on aille jouer en Argentine, pendant que les flics et les militaires découpaient des prisonniers à la tronçonneuse ou les balançaient à la mer depuis leurs hélicoptères.

– C'est même pour ça que je me suis fait vider du bahut, compléta le Poulpe. On avait bombé les murs. Ça n'a pas plu au proviseur. Remarque, je me serais probablement fait jeter sans cette histoire… Tiens, ça me rajeunit. Sers-moi une autre Kanter, Gérard !

– Moi, je dis qu'il ne faut pas mélanger le sport et la politique, déclara sentencieusement le plombier.

Gabriel passa un bras autour de son épaule. Un bras si long qu'il lui valait son surnom.

– Vous êtes dans le vrai ! Il ne faut jamais rien mélanger. Les momies et le sport, les momies et la politique, la politique et la culture… À votre avis, cette histoire de momies, celles du journal, pas celles du roman, vous classez ça dans quelle rubrique ? Culture ? Politique ? Archéologie ?

Le plombier se dégagea de cette étreinte inattendue et quelque peu envahissante, passa sur son épaule la bride de son sac de cuir et salua les consommateurs du Pied de Porc en touchant du doigt un couvre-chef imaginaire.

– Vous avez l'esprit tordu, conclut-il avant de se diriger vers la sortie du bistrot.

– Juste une question, fit le Poulpe. C'est vous qui avez encadré cet article ?

– Non, je l'ai trouvé sur une table.

Gabriel suivit le plombier des yeux, attendit qu'il ait refermé la porte, puis porta le verre à ses lèvres.

– Tout de même, si j'avais les moyens de me payer le voyage..., marmonna-t-il après avoir savouré sa gorgée de bière, les yeux mi-clos.

– Avec les charters, tu as des prix. Ça ne doit pas aller chercher très loin, dit Gérard.

– Oui, mais il y a pas mal de frais sur place, il faut louer des bagnoles, arroser des gens pour avoir des tuyaux...

Gabriel s'interrompit. Gérard ne l'écoutait plus. Il regardait quelque chose ou quelqu'un, derrière lui. Il se retourna et se trouva face à un personnage chauve portant des lunettes métalliques, un costume sombre et une serviette en cuir noir. Il était grand, presque aussi grand que le Poulpe qui faisait tout de même son mètre quatre-vingt-cinq. Ce type, songea-t-il, avait l'allure d'un huissier. Il tranchait avec la clientèle habituelle.

– Pardonnez-moi, dit l'inconnu, mais c'est mon journal...

Il s'approcha du zinc, sur lequel Gérard avait abandonné le numéro du *Monde*, prit le journal, le replia et le rangea soigneusement dans sa serviette. Le Poulpe en profita pour jeter un œil indiscret sur le contenu de la serviette. Il aperçut des chemises cartonnées de couleurs variées. Sa curiosité n'échappa pas au propriétaire de la sacoche, qui lui sourit.

– Pardonnez-moi, répéta-t-il, mais j'ai involontairement entendu une partie de votre conversation.

Il était clair qu'il s'adressait au Poulpe et non au patron du bistrot. Pour bien montrer qu'il l'avait compris, Gérard s'éloigna et se mit à astiquer consciencieusement ses verres.

– Ah oui ? fit le Poulpe, avec un petit sourire ironique qui trahissait une certaine insolence.

Cette expression ne parut pas décourager l'inconnu. Il glissa une main dans sa veste et en sortit un bristol qu'il tendit à son interlocuteur.

– Pourriez-vous passer me voir..., disons demain matin vers dix heures ?

Il avait dit cela sur le ton d'un homme habitué à considérer que des propositions de ce genre avaient valeur de convocation impérative. Gabriel n'aimait pas être traité ainsi. Une réplique méprisante lui brûla les lèvres. Mais la curiosité l'emporta. Il se contenta de scruter son interlocuteur, puis d'examiner sa carte.

IMPORSUR
Thierry Benyamin
Président directeur général

Suivaient un numéro de téléphone, un numéro de fax et une adresse sur les Champs-Élysées.

– Les Champs-Élysées, c'est pas tout près d'ici. Je n'ai pas l'habitude de me déplacer aussi loin sans savoir de quoi il retourne. Peut-être pourriez-vous m'en dire davantage, cher monsieur ?

– Et moi, cher monsieur, je n'ai pas pour habitude de traiter mes affaires dans les cafés. J'avais cru comprendre que ça ne vous déplairait pas d'effectuer un déplacement beaucoup plus important, répondit l'homme en gris. Si je ne me suis pas trompé, j'espère avoir le plaisir de vous rencontrer demain...

***

C'était un bureau anonyme situé au-dessus d'une galerie marchande, un de ces bureaux qu'on loue pour disposer d'une adresse susceptible d'impressionner des clients potentiels et non pour y travailler. Rien ne laissait d'ailleurs deviner une activité frénétique. Le mobilier était standard : un bureau en plastique moulé, un meuble de rangement, une table basse, trois fauteuils assortis. Seule la présence d'un ordinateur permettait de penser que l'endroit était utilisé à des fins professionnelles. Apparemment Thierry Benyamin n'avait pas de secrétaire.

Le maître des lieux invita Gabriel à s'asseoir, dédaigna le bureau et prit place dans un siège jumeau, de l'autre côté de la table basse. Il avait troqué son complet gris contre un trois-pièces prince-de-galles. Le Poulpe remarqua ses chaussures –il avait la manie de regarder les chaussures des gens– des mocassins en pécari qui devaient valoir deux ou trois mille francs la paire.

– Je suis content que vous soyez venu, monsieur Lecouvreur, attaqua Benyamin, avec le sourire qui convenait à cet accueil.

– Je vois que vous connaissez mon nom. Seraitce indiscret de vous demander...

– J'espère ne pas vous choquer en vous avouant

que je prends toujours quelques renseignements sur mes futurs partenaires. Le peu que j'ai appris sur vous, plus ou moins par hasard, me permet de penser que vous êtes peut-être en mesure de me rendre un service. Un service rémunéré, bien entendu.

– Je vous écoute.

– Laissez-moi d'abord vous parlez d'Imporsur. J'ai créé cette entreprise voici une dizaine d'années. Comme son nom le laisse deviner, l'activité d'Imporsur consiste à importer divers articles du sud, en particulier du continent latino-américain. Je ne vais pas vous infliger la liste complète de tout ce que nous avons importé depuis dix ans. Disons seulement que nous sommes très éclectiques. Cela va des vins chiliens et argentins aux objets d'art, en passant par les agrumes, les conserves de poisson. Certaines importations sont relativement régulières, d'autres concernent des lots que nous traitons au coup par coup.

Le Poulpe écouta patiemment ce discours. Il affichait un air entendu, avec toujours ce même petit sourire, à peine perceptible, de l'homme à qui on ne la fait pas et qui se fout du monde. Peut-être Benyamin se méprit-il sur la signification de cette expression. Il leva la main.

– J'imagine ce que vous devez penser, monsieur Lecouvreur.

– Et qu'est-ce que je pense donc, selon vous ?

– Je suis incapable de lire dans vos pensées, rassurez-vous. Mais je sais ce que je penserais à votre place. Ce bureau presque vide, ce patron sans personnel, cette activité en direction d'un continent connu pour ses trafics... Je me dirais : c'est une couverture, cela cache des affaires louches, peut-être de la drogue ou des choses de ce genre. Non ?

Le Poulpe se renversa dans son fauteuil.

– Je dois vous avouer que cette idée m'a en effet effleuré. Mais vous allez me détromper, j'en suis certain.

– Absolument. Chez nous, tout est clean, tous nos livres de comptes sont en règle, monsieur Lecouvreur. Nous n'avons jamais trempé dans la moindre histoire de drogue ou de recyclage d'argent sale. Si vous me voyez seul dans ce bureau, c'est parce que je traite mes affaires seul et que je réduis mes frais généraux au strict minimum. J'emploie une secrétaire à temps partiel qui vient trois fois par semaine, un cabinet comptable se charge de mes comptes, et j'ai des correspondants dans divers pays du monde, que je rémunère à la commission comme j'ai l'intention de le faire avec vous…

– Vous commencez à m'intéresser.

– N'est-ce pas ? C'est un langage que chacun peut comprendre. Je vous disais donc que mes affaires sont propres. Je n'ai pas l'intention de vous embarquer dans un coup tordu.

– Tout dépend de quel coup tordu, et du prix…

– Nous y viendrons. Quand je dis que mes affaires sont nettes, attention… Pour être tout à fait franc avec vous, il m'arrive de dissimuler certaines opérations. Pour des raisons fiscales, douanières ou autres…

– Autres ?

– Par exemple lorsque la loi locale interdit l'exportation de certains objets, des objets d'art, des antiquités… Et je ne tiens pas non plus à payer à l'État plus qu'il n'est nécessaire.

– Vous n'êtes pas le seul.

– Je vois que nous nous comprenons, et je crois avoir mis cartes sur table.

– Tout ça ne me dit toujours pas ce vous attendez de moi.

– Voici quelques années, nous avons importé un lot d'antiquités indiennes, dont des momies atacamèques. Vous connaissez les civilisations indiennes ?

– Plus ou moins, mais je dois vous avouer ne jamais avoir entendu parler des…

– Des Atacamèques. La culture atacamèque s'est développée au nord du Chili, dans la région d'Atacama, jusqu'au XIIème siècle, avant la conquête inca, et a conservé certains de ses caractères sous la domination inca.

– Et qui cela peut-il intéresser d'acheter des momies atacamèques ?

– Des archéologues, des musées. Il se trouve que j'ai servi d'intermédiaire pour la vente de ce lot de momies. La transaction comprenait divers autres objets : des poteries, des bijoux, des pointes de lance et de flèche. Je ne suis pas qualifié pour juger de leur authenticité et de leur valeur scientifique, mais mes clients se sont montrés satisfaits. Vous devinez la suite.

– Plus ou moins…

– Avant-hier, je tombe donc sur cet article.

Benyamin lança une photocopie de l'entrefilet du *Monde* sur la table.

– Et alors ?

– Je n'en sais pas davantage que vous. J'épluche la presse européenne depuis trois jours. Je n'ai rien trouvé. À ma connaissance, cette information est passée inaperçue. Je prie le ciel pour que mes clients ne l'aient pas eue sous les yeux.

– Ils demanderaient un échange standard, ricana le Poulpe.

– Cela pourrait faire un énorme scandale qui ruinerait ma réputation. Le plus triste est que cette affaire ne m'a pas rapporté grand-chose…

– Le plus triste, corrigea Gabriel, c'est à mon avis le sort des gens qui ont servi de matière première pour fabriquer ces momies.

– Bien sûr, bien sûr, s'empressa d'acquiescer Benyamin. Mais nous ne pouvons plus rien pour eux. Et je dois tout de même me préoccuper de défendre mes intérêts.

– À qui avez-vous vendu ces momies ?

– Je ne tiens pas à vous le dire pour le moment. Disons un grand musée européen.

– J'imagine que les momies atacamèques ne courent pas les rues. Ce musée ne doit pas être difficile à identifier. Mais ce n'est pas mon problème pour le moment. Qu'attendez-vous de moi, monsieur Benyamin ?

– J'ai besoin de savoir si cette histoire est vraie ou s'il s'agit d'un canular de mauvais goût. Je vous ai entendu dire que ça vous intéresserait d'élucider la question.

– Et que ferez-vous quand vous le saurez ?

– Si l'histoire est fausse, je ferai en sorte de rassurer mes clients avant qu'ils tombent là-dessus.

De l'index, il frappa la photocopie.

– Et si elle est vraie ?

– Je les alerterai, afin qu'ils se débarrassent de ces momies avant que le scandale n'éclate et qu'ils ne se retrouvent avec une désagréable enquête sur le dos.

– Et vous les rembourserez ?

– Je les indemniserai, bien entendu. C'est le prix à payer pour sauvegarder ma réputation d'intermédiaire. Je ne peux pas me permettre de faire l'impasse sur cette information. (Son doigt frappa à nouveau la feuille de papier.) Même si elle n'occupe que cinq lignes.

– Il y a tout de même une chose que je ne comprends pas. Pourquoi ne pas vous adresser à la personne qui vous a procuré ces momies ?

– Je n'ai pas réussi à la joindre au téléphone. Mon correspondant chilien a, semble-t-il, disparu de la circulation. Je ne peux pas me permettre de passer des coups de fil et de poser des questions à n'importe qui, sous peine d'attirer davantage l'attention sur une affaire qui, pour le moment, est encore passée inaperçue en Europe. Je vous propose donc de vous rendre sur place pour tirer cette affaire au clair. À combien estimez-vous le montant de vos honoraires ?

– Cent mille francs. Sans compter les frais, bien entendu.

Benyamin fit une petite grimace.

– Il me semble que vous y allez un peu fort. C'est au-dessus de mes moyens actuels. Il faudra vous contenter de la moitié, monsieur Lecouvreur. C'est déjà bien. Cette petite enquête ne devrait pas vous prendre plus d'une semaine... Et c'est net d'impôts.

3

Gabriel Lecouvreur se retrouva à l'aéroport de Santiago du Chili à dix heures du matin (heure locale), avec en poche les coordonnées du correspondant du *Monde*, à l'origine de cette brève, et celles de l'intermédiaire disparu d'Imporsur. Le voyage avait duré plus de seize heures, compte tenu d'une escale de deux heures, en pleine nuit, à San Francisco. Ces deux heures avaient été, pour l'essentiel, consacrées à faire la queue pour remplir les diverses formalités imposées par les autorités américaines aux voyageurs en transit sur leur territoire. Entre San Francisco et Santiago, le Poulpe n'avait pas réussi à se rendormir. Il ne tenait pas sa meilleure forme. Le temps, d'après ce qu'il lui sembla quand il mit le nez hors de l'avion, était gris et peu différent de celui qu'il avait laissé à Paris. Sur la passerelle, une rafale humide lui fouetta le visage. On était en mars. L'automne chilien valait un début de printemps parisien pourri.

Le Poulpe voyageait léger : il n'avait emporté qu'un sac qu'il avait conservé avec lui dans la cabine, ce qui lui permit de devancer dans la course aux taxis les autres voyageurs qui avaient leurs bagages à récupérer. Une petite foule de rabatteurs se précipita sur lui. Il accepta les services du chauffeur d'une Mazda rouge et flambant neuve. Son (maigre) vocabulaire espagnol datait de ses années de lycée. Il n'avait pu l'entretenir qu'à l'occasion de quelques voyages au-delà des Pyrénées, dont un sur la Costa Brava, où l'on entend davantage l'allemand que la langue de Cervantès. Il avait donc pris la précaution de réviser ses connaissances, à l'aide de cassettes audio, dans sa voiture, et de les tester auprès de son ami Pedro, lequel avait levé les bras au ciel et lui avait conseillé d'emporter un bon dictionnaire, ou mieux encore de faire appel à un interprète – sa prononciation de la jota se situait au niveau des plus mauvais sketches. Constater que le chauffeur semblait avoir compris sa destination lui apporta donc une relative satisfaction. En revanche, Gabriel ne saisit pas un traître mot de ce que l'autre tenta de lui dire au cours du trajet.

La Mazda le déposa devant un hôtel de la rue San Antonio, au centre de Santiago. L'établissement, modeste au regard des critères européens, attirait une clientèle issue de la classe moyenne chilienne et des touristes argentins. Un car immatriculé à Buenos Aires stationnait devant l'entrée. Sur le pare-brise avait été placée une pancarte portant une inscription dont le Poulpe réussit aisément à comprendre le sens : « messieurs les voleurs, soyez compréhensifs, on nous a déjà volés ».

Il pénétra dans l'hôtel et parvint à se faire attribuer une chambre sans subir l'humiliation d'entendre le réceptionniste s'adresser à lui en anglais, comme celui-ci le faisait généralement lorsqu'il avait affaire à un *gringo*. C'était bon signe. En revanche, la propreté de la chambre et l'insonorisation laissaient à désirer. Les échos d'une bruyante dispute conjugale parvenaient de la pièce voisine. Le Poulpe aurait pu s'offrir, aux frais d'Imporsur, un séjour dans un hôtel de classe internationale, mais il n'aimait ni le luxe ni les gens qui fréquentent les endroits luxueux. Sans mépriser le confort, il se sentait plus à l'aise dans un lieu de ce genre. Il prit une douche, se changea et descendit faire un tour dans la rue.

C'était la première fois qu'il mettait les pieds en Amérique latine. Il ressentait une certaine excitation à l'idée de découvrir ce continent. Ce qu'il avait vu, au travers des fenêtres du taxi, n'avait pas répondu à son attente. Seules quelques enseignes colorées donnaient un peu d'exotisme à un paysage banal de constructions disparates, plus ou moins semblables à toutes celles qu'on retrouve aux quatre coins du monde à la périphérie des grandes concentrations urbaines. Ses premiers pas dans la ville accentuèrent sa déception. Dans ce quartier circulaient beaucoup d'employés de banque soigneusement cravatés. Les femmes étaient habillées comme elles l'auraient été à Paris ou Madrid. La plupart n'avait pas un type latin prononcé : il y en avait des blondes, des brunes, des rousses. Gabriel n'en croisa aucune qui lui parut particulièrement séduisante. Une femme policier retint son attention, une géante blonde, harnachée et bottée, qui semblait sortir d'une BD sadomaso, style femme SS. Sans doute l'avait-on recrutée pour sa carrure. Cette vision le laissa rêveur.

Il entra dans un snack avec l'intention de boire une bière. La musique faillit le faire fuir. C'était de la pop nord-américaine, agressive, diffusée à un niveau sonore qui aurait suffi à une discothèque. Il commanda tout de même une Pilsener Dorada, dont la publicité s'étalait sous son nez. Il la trouva fade. Quand il fouilla dans ses poches pour payer, il réalisa qu'il n'avait pas changé d'argent. Son portefeuille contenait quelques dizaines de dollars. Il prit un billet de cinq et le posa sur le comptoir.

Le garçon, nœud papillon noir sur chemise blanche graisseuse, contempla le billet avec une moue condescendante.

– Vous êtes au Chili, *señor*. Ici, on paie en pesos.

– Je suis désolé, je descends de l'avion. Vous pouvez peut-être me faire le change ?

– Vous pourrez changer dans n'importe quelle banque, *señor*, et aussi dans l'Ahumada, la rue piétonne. Mais ici, on ne change pas d'argent.

– Je crains de ne pas pouvoir vous payer autrement. Je n'ai rien d'autre sur moi.

– Alors ça ne fait rien, la maison vous offre la bière. Reprenez vos dollars.

Gabriel ramassa son billet et quitta le snack.

Qui donc lui avait dit que le dollar était une monnaie universelle et la seule acceptée en Amérique latine ? Il se rendit donc dans l'Ahumada, comme le lui avait conseillé le garçon, mais refusa les avances des changeurs au noir, de crainte de se faire arnaquer. Par curiosité, il palabra tout de même avec l'un d'eux, pour connaître le taux de change, qui n'était que peu supérieur au cours officiel. Cette constatation le plongea dans un abîme de perplexité. Les banques ne manquaient pas : il y en avait partout, installées dans des édifices somptueux de styles variés, du rococo à l'architecture futuriste. Il se retrouva devant un guichet de l'agence locale du Crédit Lyonnais, non par chauvinisme, mais parce qu'il lui sembla que la queue était un peu moins longue qu'ailleurs. Après avoir compté et rangé sa liasse de pesos, il acheta une demi-douzaine de journaux, pour se faire une idée de la situation locale, et alla s'attabler dans une brasserie qu'il choisit pour son calme et son confort relatif (des fauteuils garnis de coussins) sur la Plaza de Armas, qui prolonge l'Ahumada.

Les journaux titraient sur l'affaire Contreras. Condamné par un tribunal civil pour avoir organisé l'assassinat d'un ministre chilien d'Allende sur le sol des États-Unis, du temps de la dictature de Pinochet, l'Amiral Contreras, ex-bras droit du dictateur, refusait de se soumettre à ce jugement. Il s'était réfugié dans une base navale sous le prétexte d'y subir une intervention médicale. Toute une partie de la hiérarchie militaire le soutenait. Pinochet lui-même montrait les dents. Le Président de la République chilienne redoutait l'affrontement. Pour amadouer Contreras, on envisageait de lui construire une prison spéciale pour lui tout seul.

Le Poulpe parcourut les autres rubriques plus distraitement. Il jeta un œil ironique sur la pin-up en petite culotte, seins à l'air avec des étoiles dorées sur les pointes, publiée en pages centrales de *La Tercera*. Elle était un peu grasse à son goût et coiffée de façon grotesque, avec un volumineux chignon en forme de pièce montée, comme cela se faisait dans les années soixante. Il s'arrêta un instant sur les pages publicitaires vantant des voitures, des appareils photo et des ordinateurs, dont les prix différaient peu de ceux pratiqués en Europe, puis constata avec un certain amusement qu'il n'y avait pas, dans tous ces canards, la moindre ligne qui concernât la France. À l'issue de cette revue de presse, il attaqua l'épaisse tranche de viande bien arrosée de sauce que venait de lui apporter le serveur. Il l'arrosa d'une *chicha* râpeuse qu'il préféra à la Dorada. Il se sentit un peu mieux après s'être ainsi restauré et décida de se mettre au travail. D'une cabine téléphonique, il appela le correspondant du *Monde*.

– Yonnel Cadin ?

– Lui-même.

– Gabriel Lecouvreur. Je vous appelle de la part de Bertrand Audusse, qui m'a donné vos coordonnées. Auriez-vous quelques instants à m'accorder ?

– Vous êtes à Santiago ? Alors pas de problème. Vous pouvez passer me voir tout de suite si vous le souhaitez. Bertrand vous a donné mon adresse ? C'est très simple à trouver : vous prenez le métro et vous descendez à Providencia...

Le métro de Santiago ressemble comme un frère au métro parisien. Il a été construit par des entreprises françaises. Le matériel roulant est identique. Même les uniformes des contrôleurs et leur façon de procéder ont un air de famille avec ceux de leurs collègues français. Il existe pourtant une différence notable : le métro de Santiago ne dessert pour l'essentiel que les beaux quartiers. Il est l'objet d'une surveillance draconienne. Le Poulpe, qui ne connaissait pas ces détails, fut surpris de n'y voir ni tag, ni mendiant, ni musicien ou vendeur ambulant, ni même le moindre mégot de cigarette.

Providencia lui apparut comme un quartier résidentiel relativement aisé. Yonnel Cadin habitait un immeuble de construction récente dont un interphone protégeait l'accès. Les parties communes étaient impeccables. Le Poulpe partagea l'ascenseur avec un couple bien mis qui le salua poliment. Cadin avait la quarantaine et l'allure d'un vieil adolescent : jeans, T-shirt, cheveux mi-longs. Gabriel remarqua ses chaussures : des mocassins indiens à franges. Le journaliste commença par s'excuser du désordre qui régnait dans son appartement. Il débarrassa un fauteuil d'osier d'une pile de livres et invita son visiteur à s'y installer.

– Vous aimez le pisco ?

– Je préfère la bière.

– Il faudra vous y habituer. C'est la boisson nationale. Désolé, je n'ai pas de bière à vous offrir...

Le Poulpe accepta une goutte de pisco, pour faire preuve de civilité. Tandis que Cadin le servait, il jeta un œil sur le décor. L'appartement était meublé de façon disparate : une table en bois clair, une console métallique supportant un Macintosh d'un modèle ancien, des sièges en osier, un lit-divan recouvert d'un plaid bariolé. Aux murs étaient accrochés divers objets, dont des instruments de musique, qu'il supposa être d'origine indienne. Des livres et des journaux traînaient un peu partout.

Ils échangèrent quelques banalités : les conditions de voyage, le temps qu'il faisait à Paris.

– Vous êtes journaliste ? demanda Cadin.

– Pas exactement. Je suis chargé d'une petite enquête pour le compte de l'entreprise Imporsur. Vous en avez entendu parler ?

– Je ne crois pas. Pardonnez-moi d'insister, mais si vous n'êtes pas journaliste, dois-je comprendre que vous êtes détective privé ?

– Pas du tout. J'ai accepté cette enquête parce que le sujet m'intriguait. Et aussi parce que j'ai besoin de gagner ma vie, comme tout le monde. Je travaille en free-lance. Je fais toutes sortes de choses, ce serait un peu long à vous expliquer, et, quand j'en ai la possibilité, je ne fais rien du tout…

Cette dernière précision arracha un sourire à Cadin.

– Et vous n'appartenez pas non plus à un service officiel ou officieux ?

– Surtout pas !

Le cri du cœur. Cadin parut plus ou moins convaincu, ou affecta de l'être.

– Je vous écoute, monsieur Lecouvreur.

– C'est vous, qui, d'après Bertrand Audusse, avez envoyé au *Monde* cet article ?

Le Poulpe sortit la photocopie de sa poche et la tendit au journaliste. Celui-ci se mit à rire.

– Je leur ai envoyé un texte beaucoup plus long, mais c'est tout ce qu'ils ont publié. Le Chili ne semble pas intéresser grand monde en ce moment. Il n'y a que sur l'affaire Contreras et sur l'anniversaire de Pinochet que j'ai réussi à faire passer quelques papiers…

Le ton était amer.

– Mais vous êtes pourtant correspondant officiel…

– Correspondant est un bien grand mot. Aucun journal n'a les moyens de se payer un correspondant pour lui tout seul dans un pays comme le

Chili. Je suis rémunéré à la pige, quand ça passe. De temps en temps un journal me commande un papier un peu plus consistant, au moment des élections par exemple. Rassurez-vous, je ne vis pas de ça. J'ai obtenu une bourse de deux ans de l'Institut d'Études latino-américaines. Je prépare une thèse sur la structure sociale de la civilisation mapuche précolombienne.

– Pourriez-vous me montrer l'article que vous avez envoyé ?

– Certainement. Le double doit traîner quelque part.

Il se mit à farfouiller dans ses dossiers.

– Ça ne fait rien, ce texte est sur mon disque dur. Je vais vous en faire une sortie.

Il pianota sur son Macintosh. L'imprimante crépita.

– Voilà. Comme vous pouvez le constater, à l'origine cela faisait cinq feuillets.

Le Poulpe parcourut l'article. Il traitait des démêlés d'anciens membres des services secrets avec la justice chilienne. L'avocat d'un des inculpés menaçait de révéler divers crimes et délits commis par les supérieurs de son client, au cas où celui-ci ne bénéficierait pas de l'indulgence des juges. Parmi ces accusations figurait non seulement cette macabre affaire de fausses momies, mais des assassinats collectifs, le pillage de biens de victimes de la dictature, des trafics divers et l'organisation d'un réseau de prostitution enfantine réservé à une clientèle huppée.

– Vous avez rencontré cet avocat ? C'est un type sérieux ?

– Montoya a donné une conférence de presse. Je n'y ai pas assisté. Plusieurs journaux ont reproduit ses déclarations. Je les ai conservés. Je pourrai vous en faire une photocopie. L'enquête la plus détaillée a été publiée par *Punto Final*, je l'ai gardée aussi. C'est un hebdo gauchisant, il faut tout de même se méfier de ce qu'il raconte. De toute manière, il n'y a rien de plus sur les momies. Et ce sont bien ces momies qui vous préoccupent, monsieur Lecouvreur ? Vous vous intéressez à l'archéologie ?

– Pas particulièrement, mais l'entreprise qui me paie, oui. À votre avis, vous qui êtes un spécialiste des civilisations indiennes, c'est possible de fabriquer de fausses momies atacamèques ?

– Ah… Ce serait des momies atacamèques… J'ignorais ce détail. Pour votre information, monsieur Lecouvreur, les Atacamèques vivent au nord du Chili et les Mapuches au sud. Deux mille kilomètres les séparent. Les Mapuches et les Atacamèques n'ont pas dû, à ma connaissance, avoir beaucoup de contacts. Néanmoins il est probable que leurs rites funéraires aient des points communs. En ce qui me concerne, je n'ai pas la prétention d'être un spécialiste des civilisations indiennes, et encore moins de leurs rites funéraires et de leurs techniques d'embaumement. Je n'étudie que certains aspects de la civilisation mapuche. Je ne peux donc vous dire que des généralités. Il existe des techniques scientifiques qui permettent de dater un objet avec une précision aléatoire, notamment la datation au carbone 14. Je suppose que vous en avez entendu parler. C'est par exemple une des méthodes employées par les experts pour examiner les fausses reliques, les faux suaires du Christ fabriqués au Moyen Âge ou au XIXème siècle. La précision de cette technique, comme je viens de vous le dire, est toute relative, mais elle suffit pour démasquer des faux grossiers. J'ignore si ces momies, à supposer qu'il ne s'agisse pas d'une invention, ont été expertisées, et par qui. On peut toujours obtenir des expertises de complaisance, ou bien de faux certificats d'expertise. Dans tous les domaines, il existe des faussaires très habiles. Mais rien ne dit que les accusations de Montoya et de son client correspondent à la réalité. Vous remarquerez que j'ai traité cette information avec beaucoup de prudence.

– Quel intérêt pourrait avoir cet avocat à inventer une histoire pareille ?

– La tactique de Montoya est claire : le chantage. Si vous ne faites pas une fleur à mon client, il balance ses supérieurs, et avec eux pas mal de gens importants. Clin d'œil en direction des gens importants : débrouillez-vous pour tirer mon client d'affaire si vous ne voulez pas voir vos noms et vos exploits étalés sur la place publique. Plus les crimes que les gens importants sont supposés avoir commis, ou dont ils se sont rendus complices, sont horribles, plus la pression est forte. Au Chili, sous Pinochet, en matière d'horreur, la réalité a largement dépassé la fiction. Tous les mois, on découvre encore des charniers. Mais une loi d'amnistie a été adoptée et l'opinion publique est lasse. En dehors des familles des victimes, peu de gens contestent cette loi. La classe politique est unanime, des démocrates chrétiens aux socialistes : il ne faut pas provoquer la colère de Pinochet. Pinochet conserve le contrôle de l'armée. C'est la condition qu'il a mise à son retrait. Le client de Montoya n'est pas poursuivi pour ce qu'il a fait sous la dictature, mais pour des délits de droit commun commis ensuite. Pourtant, si on dénonce, preuve à l'appui, des actes aussi épouvantables et, si j'ose dire, sensationnels que cette affaire de momies, le risque existe que la presse internationale s'en empare et que leurs auteurs soient tout de même inquiétés d'une façon ou d'une autre. Le client de Montoya peut donc être tenté d'en rajouter dans l'horreur, en espérant que ceux qui n'ont commis que des crimes, entre guillemets «ordinaires», redouteront de voir leurs noms associés à des atrocités aussi spectaculaires et interviendront à temps pour lui sauver la mise et étouffer l'affaire. Mais ce n'est qu'une hypothèse personnelle…

– Pour le moment, constata le Poulpe, ces révélations n'ont pas eu un impact considérable. Je ne sais pas ce que ça a donné au Chili, mais la presse internationale n'a pas suivi…

Cadin se leva et marcha jusqu'à la fenêtre. Gabriel l'y rejoignit. L'immeuble dominait une large avenue bordée de constructions plutôt avenantes et parcourue par une intense circulation automobile. Vu de cet endroit, Santiago avait l'apparence d'une ville très moderne.

– Vous savez comment ça se passe quand une information circule dans la presse ? fit Cadin. Pour des raisons parfois simples, parfois mystérieuses, la mayonnaise prend ou ne prend pas. Le même événement peut faire la une, ou au moins occuper une bonne place dans tous les médias du monde, s'il se produit en période creuse, ou être réduit à quelques lignes, voire passer à l'as, s'il tombe en même temps que le déclenchement d'une guerre ou l'assassinat d'un Président. Quelquefois, il n'y a même pas d'explication. Il faut comprendre les confrères : ils sont noyés sous un flot d'informations. Bien sûr, c'est frustrant pour celui qui pense tenir un scoop et qui fait flop. C'est un peu mon cas : lorsque j'ai expédié ce papier, je pensais qu'il ferait davantage de bruit. Peut-être ai-je mal joué. Si j'avais axé le papier sur l'histoire des momies et donné davantage de détails, il aurait sans doute eu un autre écho. La situation d'un correspondant n'est pas évidente, sauf si sa signature est prestigieuse, ce qui n'est pas mon cas. Il ne peut pas se permettre de consacrer quinze jours à mener une véritable enquête de terrain. Ce n'est d'ailleurs pas ce qu'on lui demande. Ce qu'attendent les canards, c'est de couvrir les événements d'ampleur internationale et d'envoyer de temps en temps un papier d'ambiance, qui passe ou ne passe pas, selon la place disponible…

– Je vois très bien, acquiesça poliment le Poulpe, qui redoutait que ce cours élémentaire de journalisme ne se prolongeât exagérément.

– Notez qu'une affaire comme celle-là peut rebondir un jour ou l'autre. Votre présence à Santiago en atteste, monsieur Lecouvreur.

– Sauf qu'on ne m'a pas chargé de lui faire davantage de publicité. Ce serait plutôt le contraire. Mais, comme je vous l'ai dit, je suis un homme tout à fait indépendant. Je n'ai rien signé…

4

– Désolée, mais c'est Enrique Lestepied qui a rédigé cet article et Enrique est actuellement en vacances dans sa famille, dans le sud, à Punta Arena…

La pièce qui abritait la rédaction de *Punto Final* était exiguë et imprégnée d'une odeur de tabac froid mélangée à des relents de nourriture dont le Poulpe n'aurait su identifier la nature. Une assiette vide posée sur une pile de journaux, sur un coin du bureau qui séparait Gabriel de son interlocutrice, permettait de penser que celle-ci avait pris son repas sur son lieu de travail. C'était une femme brune aux traits anguleux. Le Poulpe lui donna la quarantaine. En dépit de ses yeux cernés, de ses cheveux raides et de ses lèvres sèches, il lui trouva du charme. Son regard laissait deviner beaucoup d'énergie.

– Ce qui me vaut la chance de tomber sur vous, madame…

Elle lui tendit la main, par-dessus le bureau.

– Helena Gimenez. Tomber sur moi est en effet un avantage, car Enrique aurait du mal à comprendre votre prononciation du castillan et il ne parle pas un mot de votre langue, bien qu'il soit de lointaine origine française. Eh oui, nous avons chez nous des descendants d'immigrants français, pour le meilleur et pour le pire. Comme son nom l'indique, Pinochet en est un…

– Il y a des Pinochet partout. Il doit en rester pas mal chez nous…

– Sans doute, mais ils n'ont pas toujours l'occasion de sévir.

Helena Gimenez utilisait un français impeccable.

– Vous n'avez presque pas d'accent, complimenta le Poulpe.

– J'ai vécu dix-sept ans en France, à la Courneuve. J'ai quitté le Chili en 75 avec mes parents et je suis rentrée il y a quatre ans, quand le retour des exilés a été autorisé. Je suis une *retornada*, c'est ainsi qu'on appelle ceux qui sont revenus... Mais je ne vais pas vous raconter ma vie. Qu'est-ce qui vous intéresse dans l'article d'Enrique ?

– L'affaire des momies.

Elle se pencha pour le scruter. Il soutint son regard, mais éprouva un certain malaise à se sentir ainsi observé.

– J'espère que ce n'est pas par goût morbide pour le sensationnel, monsieur Lecouvreur ?

– C'est une mission dont m'a chargé l'intermédiaire qui, si l'histoire est exacte, a peut-être vendu ces momies à des archéologues, ou à un musée. Il redoute un scandale qui lui ferait perdre sa clientèle.

– Ainsi l'information est parvenue en Europe...

– Vous semblez surprise. Ce qui est surprenant, c'est qu'elle n'ait pas eu davantage de retentissement.

– En Europe, peut-être, mais ici, les gens en ont tellement subi, vu et entendu que plus rien ne les émeut...

– C'est grave...

Elle écarta les mains en souriant.

– Sans doute, mais c'est comme ça. Le Chili est convalescent. Les politiciens redoutent de traumatiser le malade et de provoquer une rechute qui les priverait de leurs sinécures. Les petits bourgeois qui se sont enrichis veulent profiter de leur nouvelle prospérité sans être dérangés par les cris des mères de disparus. Et beaucoup de gens ont retourné leur veste. J'ai retrouvé dans des ministères des camarades que j'avais connus révolutionnaires acharnés à la fac. L'autre jour, je suis allée à la première d'un film. Le réalisateur trinquait avec un colonel. Pourtant, c'est un type qui a tourné des choses formidables et a été obligé se réfugier en Europe pendant quinze ans. À croire qu'il a perdu la mémoire ou la conscience. Chacun veut se faire sa petite place au soleil du miracle chilien.

– Je ne suis là que depuis hier matin, je n'ai pas eu le temps de voir ce miracle.

– Vous ne lisez pas la presse économique ? ricana-t-elle. Nous sommes le seul pays d'Amérique latine qui a jugulé l'inflation. Le Mexique, le Brésil et l'Argentine s'enfoncent dans la crise, les investisseurs étrangers continuent à se bousculer chez nous. Mais sortez du centre de Santiago et du quartier des banques, et vous verrez des milliers de gens qui vendent des peignes en plastique, des rasoirs jetables et des chewing-gums sur le trottoir.

– Je le sais, j'ai été faire un tour hier après-midi.

– Ne vous aventurez tout de même pas trop loin, monsieur Lecouvreur. Conseil d'amie. Sinon, vous découvrirez le miracle chilien sous l'aspect des bidonvilles. Si l'idée vous vient de vous balader tout seul dans une *poblacion* comme Conchali, vous risquez de repartir à poil... Mais je m'écarte de l'objet de votre visite. Vous enquêtez donc sur cette histoire de momies pour le compte d'archéologues. Je ne peux pas vous aider beaucoup pour le moment.

– Vous n'avez pas l'intention de poursuivre l'enquête ?

– Nous sommes une toute petite équipe rédactionnelle. Nous n'avons pas beaucoup de moyens et notre hebdo se consacre essentiellement aux analyses.

– Et aucun journaliste chilien ne va le faire ?

– Je n'en sais rien. La plupart des journaux ont reproduit ou cité les déclarations de Montoya. De là à détacher un enquêteur pour se consacrer à cette question... Sans compter que ce genre d'enquête présente tout de même certains dangers, y compris pour le directeur de publication. Le nôtre a bien failli aller en prison pour avoir critiqué Pinochet[(1)]. Il arrive aussi de temps en temps que des confrères soient victimes d'une agression crapuleuse ou disparaissent. Ça n'est pas vraiment encourageant. Le mieux que vous ayez à faire est d'aller voir Montoya.

– Quel genre d'avocat est-ce ? Vous le connaissez ?

– Pas directement. Je vous parlais tout à l'heure de ces gens qui se sont fait une place dans le système, c'est un peu son cas. C'est un ancien du

(1) Authentique : pour avoir qualifié de «cyniques» et «sadiques» des plaisanteries de l'ex-dictateur à propos de la découverte d'un charnier, Manuel Cabieses, directeur de *Punto Final*, a été poursuivi en justice et a failli aller en prison. Pinochet avait déclaré que «plusieurs cadavres dans une même tombe représentaient une économie pour l'État»...

MIR[1]. Il n'a pas complètement retourné sa veste mais il a mis beaucoup d'eau dans son vin...

– Au point d'accepter de défendre d'anciens flics de Pinochet ?

– Il défend aussi des *Lautaro*[2] et beaucoup de gens qui n'ont rien à voir avec la politique. Il aime l'argent, la notoriété et tout ce qui va avec. On le voit assez souvent à la télévision. Il est très malin. Si on lui fait remarquer qu'il accepte des clients comme Merino, le type qui est à l'origine de ces accusations, il répond que c'est, pour lui, un moyen de dénoncer les véritables responsables, ceux qui donnaient les ordres à Merino. Il présente cela comme une stratégie. Il prétend aussi qu'il croit aux valeurs démocratiques et que même une crapule comme Merino a le droit d'être défendue. Mais je ne sais pas ce qu'il raconte quand il a Merino ou ses chefs devant lui...

– Et Merino, qu'est-ce que vous savez de lui ?

– Très peu de choses : ce que vous avez déjà pu lire dans les journaux. Il est impliqué dans l'assassinat d'un capitaine de police, qui dirigeait un gang spécialisé dans le racket. Toute une mafia s'est constituée sous la dictature, grâce à l'impunité dont profitaient les forces de répression et leurs complices de la pègre. Aujourd'hui, ces gens-là se déchirent, se livrent à des règlements de compte, se dénoncent publiquement. Ils se disputent ce qui

(1) Movimiento de la Izquierda revoluciónaria : parti d'extrême gauche qui se lança dans la guérilla après le coup d'État de Pinochet en 1973 et fut presque complètement décimé par la répression.

(2) Mouvement de guérilla qui a poursuivi l'action armée après que Pinochet ait été remplacé par un Président élu à la tête de l'État chilien. Plusieurs de ses membres sont emprisonnés et certains menacés d'une condamnation à mort par le tribunal militaire de Santiago.

reste du gâteau. Merino n'a jamais été un type important. C'était un petit truand sans envergure qui servait d'indicateur et d'homme de main à la CNI. Seuls les détenus qui ont directement eu affaire à lui le connaissent. Il n'avait jamais fait parler de lui publiquement jusqu'à ce meurtre. Il n'a pas été arrêté immédiatement. Maintenant, il est en fuite et il profère ses menaces par l'intermédiaire de son avocat. C'est peut-être un mythomane, ou bien il y a une part de vrai et une part de faux dans ses déclarations, je n'en sais absolument rien...

Elle écarta à nouveau les bras.

– Voilà, je ne peux rien faire de plus pour vous. De votre côté, si vous apprenez quelque chose, soyez sympa : appelez-moi. Mais pas ici, nous sommes certainement sur écoutes. Je vais vous donner un numéro où vous pourrez me joindre.

Elle griffonna ce numéro sur une feuille de papier. Le Poulpe la plia en quatre et la rangea soigneusement dans son portefeuille.

– C'est entendu, je vous contacterai discrètement si j'apprends quelque chose.

Elle le raccompagna. Sur le palier, ils rencontrèrent un jeune barbu en blouson de cuir avec qui Helena se mit à parler en espagnol, très vite. Le Poulpe ne saisit pas un mot de leur conversation.

– Miguel me dit qu'il y a aussi le juge qui instruit l'affaire. Je n'y avais pas songé. C'est une femme : Gabriela Nicolls. Elle a la réputation d'être très courageuse et très honnête. Ce sont des qualités assez rares dans la magistrature chilienne. Malheureusement je n'ai pas ses coordonnées. Montoya vous les donnera certainement.

La démarche la plus logique consistait en effet à rendre visite à l'avocat. Mais il y avait aussi l'intermédiaire d'Imporsur, l'homme qui avait procuré le lot de momies et d'objets d'art aux clients de Benyamin. Gabriel avait déjà essayé de lui téléphoner à quatre reprises depuis son arrivée à Santiago. Sans grand espoir d'y parvenir : si Benyamin n'avait pas réussi à le joindre, il n'y avait aucune raison qu'il y réussisse.

Quand il eut quitté le siège de *Punto Final*, il fit quelques pas dans la rue. Un rayon de soleil filtrait au travers de l'épaisse couche de fumée noire dégagée par les microbus qui avaient envahi la chaussée. Ils roulaient pare-chocs contre pare-chocs, sur trois rangées. C'était l'heure de la sortie des bureaux. Certains de ces véhicules devaient approcher le demi-siècle de loyaux services, on se demandait comment ils pouvaient encore rouler, d'autres semblaient être sortis la veille des chaînes de montage de Mercedes ou Ford. Chaque propriétaire avait fait peindre son engin selon ses goûts. Beaucoup étaient bariolés de couleurs vives, mais certains affichaient une sobriété plus anglo-saxonne que latino-américaine : seuls les chromes étincelants rehaussaient des carrosseries uniformément noires ou vertes.

Ce spectacle absorba le Poulpe quelques instants. Il commençait à s'habituer à Santiago. La veille, il avait pris plusieurs de ces micros, au hasard, pour visiter la ville. Ce moyen de locomotion, à la différence du taxi, permettait de s'imprégner de l'atmosphère locale. Son apparence vestimentaire –jean, baskets, blouson de toile– ne le distinguait guère des autres usagers. Parfois pourtant il sentait un regard se poser sur lui. Un voyageur plus perspicace avait deviné à certains détails qu'il côtoyait un étranger. Il lui demandait l'heure ou lui adressait la parole pour vérifier qu'il ne s'était pas trompé. Mais, dans l'ensemble, les gens étaient pressés de rentrer chez eux et aussi indifférents à leurs voisins que le sont les Parisiens dans le métro bondé.

Le Poulpe calcula qu'il était environ dix heures du matin à Paris. Cheryl devait être en train d'ouvrir son salon de coiffure. L'envie lui vint d'entendre sa voix. Il fit signe au chauffeur d'un micro qui affichait «Plaza de Armas» au-dessus de son pare-brise. Le bus s'immobilisa devant lui. Il y grimpa d'un mouvement leste et tendit sa pièce de cent pesos, tarif quasi unique du voyage. Il lui avait fallu un certain temps pour comprendre que les bus s'arrêtaient à la demande pour ne pas laisser échapper le moindre client. Le chauffeur faisait hurler sa radio qui diffusait des *cumbias*. C'était tout de même plus agréable que la pop nord-américaine. Gabriel alla s'asseoir à côté d'un homme en costume sombre, absorbé dans le supplément sportif du *Mercurio*. Sa taille lui permettait de lire par-dessus l'épaule de son voisin. Il apprit ainsi que les footballeurs chiliens avaient été écrasés par les Brésiliens. Le journal titrait *«Deuil national»* ou quelque chose d'approchant. Le lecteur du Mercurio paraissait en effet affligé par cette défaite et, en observant plus attentivement les autres voyageurs, le Poulpe constata qu'il n'était pas le seul.

Il descendit devant la poste centrale, pénétra dans l'imposant édifice, mit quelques instants à se repérer. Quand il eut trouvé le guichet adéquat, il demanda la communication avec Paris. La file d'attente était longue. Il s'assit sur un banc et déplia son plan de Santiago pour situer les lieux où habitaient l'avocat Montoya et le correspondant d'Imporsur. Le premier vivait à Las Condes, le quartier chic, comme on pouvait s'y attendre, le second à Nunoa, une agglomération de la proche banlieue. Pour se rendre à Las Condes, il suffisait d'emprunter le métro, mais le trajet jusqu'à Nunoa paraissait plus compliqué. Le Poulpe venait de tracer une croix au crayon feutre sur son plan, lorsque l'employée lui cria un numéro de cabine.

– Cheryl ? C'est moi...

– Rappelle-moi un peu plus tard, Gabriel. Je suis avec une cliente.

– Mais je t'appelle de Santiago. Ça n'est pas facile et...

– Ah, c'est vrai que tu es à Santiago ! Et bien fais-moi signe quand tu rentreras, mon chou, je suis très occupée...

Le Poulpe hocha la tête. Appeler une femme de l'autre bout du monde et se faire accueillir de cette façon ! Il est vrai qu'il ne lui avait annoncé son départ qu'au dernier moment, et par téléphone. Elle n'avait probablement pas apprécié. Ça s'arrangerait.

Il entra dans une autre cabine, destinée aux communications interurbaines, et disposa sur la tablette une pile de pièces de un peso. Il commença par le correspondant d'Imporsur – ce type se nommait Jorge Casado. Il laissa sonner un bon moment, recommença deux fois. Casado, cela semblait clair, avait quitté son domicile depuis un certain temps. Peut-être pour se mettre au vert s'il craignait que cette histoire de fausses momies lui cause quelques tracas…

Il composa le numéro de l'avocat. Le déclic se produisit immédiatement.

– *Olà ?*

La voix était féminine et chaude. Le Poulpe se plut à imaginer une brune frisée aux yeux noirs avec une bouche pulpeuse. Ces fantasmes ne facilitèrent pas sa prononciation.

– Exprimez-vous en français, monsieur, suggéra la voix que l'accent rendait plus sensuelle encore.

– Je désirerais rencontrer Maître Montoya.

– À quel sujet ?

– Je suis journaliste. Mon nom est Gabriel Lecouvreur.

– À quel journal appartenez-vous ?

– *L'Express*, mentit le Poulpe. J'appelle de la part de Yonnel Cadin, le correspondant du *Monde*.

– Très bien, je vais transmettre votre demande à Maître Montoya.

– Peut-être pourriez-vous me le passer ?

– Hélas, c'est impossible. Il est en rendez-vous. Laissez-nous votre nom et le numéro de téléphone de votre hôtel.

La voix était toujours aussi délicieuse, mais très ferme. Il y avait peu de chance que Montoya ou sa secrétaire appellent les bureaux parisiens de *l'Express* pour vérifier l'existence d'un journaliste du nom de Gabriel Lecouvreur, néanmoins ce risque existait. Peut-être aurait-il été mieux inspiré de dire la vérité. Il était trop tard.

– C'est urgent et important, insista-t-il. Je quitte Santiago demain et il faut absolument que je rencontre Maître Montoya avant mon départ. C'est à propos de sa conférence de presse. Pouvez-vous avoir la gentillesse de lui dire que je viens tout de suite ? J'attendrai le temps qu'il faudra et je ne le retiendrai pas longtemps.

Il coupa la communication sans laisser à son interlocutrice la possibilité de répliquer. Sans doute jugerait-elle son comportement grossier, mais elle rapporterait ses propos à Montoya, et celui-ci serait sans doute intrigué. Si sa personnalité était conforme à la description qu'en avait faite Helena Gimenez, il serait flatté de l'insistance d'un journaliste français. Ce qui laissait au Poulpe une chance d'être reçu rapidement. Car si les avocats chiliens connus se comportaient comme leurs confrères français, il y avait de fortes chances que Montoya lui impose une attente de plusieurs jours.

Dans le métro, il s'efforça d'élaborer une tactique pour faire parler Montoya. Les avocats ne disent généralement que ce qui sert leurs objectifs, mais, face à un journaliste étranger, celui-ci pouvait être tenté de prouver qu'il était bien informé.

L'immeuble choisi par Montoya pour installer son cabinet avait belle allure. Gabriel lui trouva un air de ressemblance avec les résidences bourgeoises de Parly 2 : façade imitation pierre de taille, balcons d'altuglas. La plaque de l'avocat voisinait avec celles de deux médecins et d'un dentiste. Le grésillement de l'interphone fit perdre de son charme à la voix de la collaboratrice de Montoya, toutefois ses paroles compensèrent ce léger désagrément.

– Vous pouvez monter, monsieur Legouvreux, Maître Montoya va vous recevoir.

La femme à qui appartenait la voix était blonde décolorée, sèche et cinquantenaire. Tout le monde peut se tromper, surtout au téléphone. Sans doute offusquée par le comportement de son visiteur, elle ne prononça pas une parole et le conduisit directement dans l'antre de son patron. Celui-ci s'avança vers le Poulpe main tendue, sourire aux lèvres et barbe grisonnante au vent. Il avait facilement deux têtes de moins que lui et une allure de gnome rubicond sanglé dans un costume noir et brillant. Son bureau attestait de sa réussite : meubles de style renaissance espagnole, tableaux, moquette, fauteuils de cuir sombre.

– C'est un grand plaisir de rencontrer un journaliste français...

Montoya l'invita à s'installer dans un fauteuil et prit place derrière son bureau, dans un siège sans doute surélevé qui lui permettait de dominer son interlocuteur. Il commença par étaler sa culture et ses connaissances de la vie politique française : «il est amusant votre Président, mais je crois que les sondages ne sont pas bons pour lui». L'avocat s'était lui aussi réfugié en France pendant les années Pinochet. Le Poulpe s'efforça de l'imaginer, étudiant famélique, vivotant de travaux ingrats, ressassant ses souvenirs et sa rancœur dans des arrière-salles de bistrot en compagnie d'autres exilés. Il n'y parvint pas. La réussite et l'argent avaient probablement transformé Montoya.

– J'imagine que ce sont les révélations faites au cours de ma conférence de presse qui vous attirent, et non ma modeste personne. Je me trompe ?

– Elles ont eu un écho en France.

Gabriel lui tendit la photocopie de la brève du *Monde*.

– Je suis au courant, dit l'avocat. Je suis abonné à une demi-douzaine de publications européennes. Quand je n'ai pas le temps de les lire, ma secrétaire me prépare une sélection des articles les plus intéressants. Je m'attendais d'ailleurs à être contacté plus tôt…

– Je dois vous avouer que cette histoire de fausses momies confectionnées avec des cadavres d'opposants assassinés m'a, à la fois, épouvanté et intrigué.

– Je comprends cela. Hélas, sur notre continent, monsieur Legouvreux, on a dû vous le dire, l'horreur est quotidienne et plus rien n'épouvante personne. Vous avez sans doute entendu parler, encore récemment, des aveux de cet officier de marine argentin qui, de son hélicoptère, a jeté des centaines de victimes dans la mer, avec la bénédiction de l'Église…

– La presse française en a parlé, en effet.

Montoya hocha la tête et se mit à jouer avec un cube de verre.

– Je vais vous décevoir, monsieur Legouvreux, car je ne sais pas grand-chose de plus sur ce sujet que ce que j'ai dit au cours de ma conférence de presse. En fait, c'est mon client qui a évoqué cette affaire, parmi beaucoup d'autres. Je me suis fait l'écho de ses propos. C'est tout.

– Pourrais-je le rencontrer ?

– Ça me paraît difficile. monsieur Legouvreux. Je viens de l'apprendre : Merino a été assassiné à La Paz.

5

José Balaguer tentait de se frayer un chemin dans la foule qui avait envahi les abords de la Plaza Garibaldi.

Comme tous les samedis soir, ce quartier de restaurants et de boîtes de nuit, un des plus populaires de Mexico, attirait un monde fou, en dépit des travaux et du temps. Il pleuvait à verse. Le sol boueux rendait difficile la progression de Balaguer. Pour atteindre l'autre côté de la place, où il tenait son échoppe dans un marché couvert, il lui fallait emprunter d'étroits passages encadrés de palissades destinées à éviter que les passants ne tombent dans les gigantesques tranchées qui éventraient la chaussée. Balaguer aurait été incapable de dire si l'objectif de ces excavations était de prolonger le métro ou de remettre en état les canalisations de la ville, pour prévenir une catastrophe semblable à celle de Guadalajara[1]. Ce chantier, qui durait depuis des mois et des mois, faisait désormais partie du paysage.

(1) En avril 1993, une terrible explosion consécutive à l'infiltration de pétrole dans les égouts de Guadalajara, fit des centaines de victimes et ravagea le centre de la seconde ville du Mexique.

Balaguer tenait maintenant ce restaurant depuis sept ans. Posséder un commerce avait été le rêve d'une existence commencée dans un dénuement extrême. Sans l'argent des Chiliens, il ne serait jamais parvenu à réunir le capital nécessaire à la reprise de ce modeste emplacement où l'on pouvait tout juste installer un bar, deux tables et quelques sièges devant le grill où Balaguer faisait rôtir des poulets et des petites saucisses que servait son épouse Consuela. Il n'était pas très fier du service qu'il avait dû rendre pour en arriver là, mais quoi, il avait des enfants à nourrir. Au début, son restaurant avait plutôt bien marché, mais depuis deux ans il périclitait. Le pays traversait une crise terrible. Les clients étaient plus rares et plus pingres, la concurrence plus rude. Quand il avait réglé sa patente et sa marchandise, versé sa dîme au gros policier qui arpentait le passage, il lui restait tout juste de quoi nourrir les siens. Il pensait parfois que le bon Dieu lui faisait payer ce qu'il avait fait, car il était superstitieux. Pourtant les autres commerçants avaient eux aussi beaucoup de mal à s'en tirer, bien qu'ils n'aient pas, à sa connaissance, offensé le ciel par des actes semblables.

Balaguer croisa un groupe de mariachis qui s'abritaient sous de grands parapluies noirs. La boue souillait leurs bottines et leurs pantalons galonnés. Quoique transis, ils égrenaient quelques accords pour tenter d'attirer d'hypothétiques clients qui les entraîneraient dans leur appartement ou leur maison, pour animer une fête, bien au chaud. Balaguer les connaissait depuis des années. Eux non plus ne faisaient guère d'affaires en ce moment. Il leur adressa un sourire d'encouragement auquel ils répondirent par des clins d'œil. Plus loin, il dépassa une boutique de chaussures dont des bâches en plastique transparent protégeaient les étals, puis une boîte de nuit dont les battants ouvraient à la façon des portes de saloon. Au-delà, on apercevait une brune en soutien-gorge, une fleur dans les cheveux, qui s'efforçait de se réchauffer en se frictionnant les épaules. Le videur de la boîte, un moustachu coiffé d'un sombrero dégoulinant d'eau sale, échangea avec Balaguer une moue éloquente. Les badauds lorgnaient la danseuse mais n'entraient pas. Ils tournaient inlassablement autour de la place en repoussant l'instant où ils se décideraient à claquer leurs pesos, pour ceux qui en avaient quelques-uns en poche.

Quand Balaguer atteignit l'angle de la place, un inconnu le bouscula d'un coup d'épaule, le projetant contre la palissade. Il s'apprêtait à protester vigoureusement, mais ce qu'il vit l'en dissuada : une lame brillait dans la main de l'inconnu. Il crut avoir affaire à un passant que l'abus de tequila rendait belliqueux, comme on en rencontre parfois dans ce quartier, et voulut l'amadouer par une plaisanterie ou une invite à boire un verre de plus. Balaguer avait déjà affronté des clients de ce genre. Il savait s'y prendre. Le regard de l'autre lui fit comprendre que l'affaire était plus sérieuse. La peur le paralysa. Le poignard à manche de corne s'enfonça dans sa poitrine avant qu'il ait esquissé un geste de défense. Il se plia en deux, tituba et, dans un effort désespéré tenta de se retenir à la palissade. Ses ongles lacérèrent une affiche détrempée du président Ernesto Zedillo. De sa botte, l'assassin le poussa dans l'espace qui séparait la palissade du sol. Balaguer glissa et tomba. Au fond de la tranchée, son corps forma pendant un bref instant une tache claire, puis il disparut sous une couche de boue grise, de sorte qu'il devint impossible de le distinguer d'en haut, ce qui ne changeait rien à son sort car il était mortellement atteint et personne n'aurait eu l'idée de s'accroupir pour regarder au travers de la brèche de la palissade. La plupart des passants ne remarquèrent rien. Seules deux femmes assistèrent à la scène. Le portrait déchiré du président Zedillo leur fit croire qu'il s'agissait d'une rixe politique. Elles se hâtèrent de quitter les lieux sans se préoccuper de la victime dont le cadavre ne fut retrouvé que le lundi matin par les terrassiers.

6

– On l'a retrouvé dans une rue de La Paz avec un poignard planté dans le dos, précisa Montoya. C'est par la presse que je l'ai appris, tout simplement.

– Que pouvez-vous me dire de Merino ?

– Pas grand-chose. Avant le coup d'État de Pinochet, c'était un petit truand sans envergure : vols à la tire, trafics divers, sans doute aussi un peu indic. La Dina a recruté pas mal de types dans son genre. Après 74, il a donc travaillé pour la Dina, puis pour la CNI. Il a probablement dénoncé des gens, mais, à ma connaissance, il n'a frappé ni torturé personne. Il ne figure pas sur les listes des associations de défense des droits de l'homme qui réclament la mise en jugement des tortionnaires... (L'avocat se renversa dans son fauteuil et sourit.) Sinon, je ne l'aurais pas défendu. Beaucoup de mes amis ont été torturés et tués. J'ai moi-même échappé de peu à ce sort, monsieur Legouvreux...

– C'est tout de même un complice de ces tortionnaires...

– Certes, certes... Je n'en disconviens pas. Mais, défendre un personnage comme Merino, voyez-vous, c'est aussi un moyen d'étaler publiquement les responsabilités des hommes qui le manipulaient. Je pratique, à ma manière, une stratégie proche de celle de ce confrère français qui a défendu Barbie et en a profité pour rappeler que tous les tortionnaires ne sont pas allemands et qu'un certain nombre de vos concitoyens ont commis des crimes tout aussi horribles pendant la guerre d'Algérie. Vous me suivez ?

– Vous n'aurez plus l'occasion de le défendre...

– Je le regrette, croyez-le bien. Je lui avais conseillé de se rendre et de se mettre sous la protection de la police...

Le Poulpe laissa échapper un ricanement.

– Oui, je sais ce que vous pensez... Il aurait aussi bien pu se faire assassiner en prison. Pour ma part, je ne le crois pas. Du moins, ç'aurait été plus difficile. La juge Nicolls l'aurait placé en isolement et fait surveiller. C'est une femme très énergique, très décidée...

– Pourriez-vous me donner ses coordonnées ?

– Vous l'appelez au Palais de Justice de Santiago, de ma part, en expliquant que vous êtes journaliste. Elle vous recevra certainement. Mais je ne connais ni son numéro de téléphone ni son adresse.

– Et l'affaire pour laquelle Merino était poursuivi ?

– Beaucoup d'anciens de la CNI se sont reconvertis dans des trafics, ont formé des gangs. Celui auquel appartenait Merino était dirigé par le capitaine Lazaro Silvera. Je ne sais rien d'autre sur son activité que ce que la presse en a dit : racket, extorsion de fonds. Lazaro a été assassiné il y a trois mois. Des hommes en voiture l'ont mitraillé, à l'angle de la rue San Antonio. La voiture en question était une Ford Falcon, le modèle favori des tueurs de la Dina et la CNI. Un témoin a ensuite identifié Merino parmi les passagers de cette voiture. Sa photo a été publiée dans les journaux. Le lendemain de cette publication, Merino est venu me trouver. Ou plus exactement, il m'attendait dans mon bureau. Il était entré sans effraction, avec des clefs de sa fabrication. Comme vous pouvez l'imaginer, ça ne m'a pas plu. Néanmoins je l'ai écouté. J'ignorais s'il était dangereux. Il semblait très nerveux. Il m'a déclaré qu'il ne paierait pas pour les autres, qu'il n'avait pas participé à l'assassinat de Silvera, mais qu'il savait beaucoup de choses et que, si on voulait lui faire des misères, il allait tout déballer.

– C'est cela qui vous a décidé à le défendre ?

Montoya marqua un bref silence.

– Entre autres, finit-il par dire.

Le Poulpe supposa que Merino avait probablement utilisé d'autres arguments pour convaincre l'avocat, peut-être lui avait-il tout simplement versé des provisions rondelettes. Mais il était inutile d'irriter Montoya en évoquant cette question qui ne changeait rien à l'affaire.

– Et ensuite ?

– Je l'ai rencontré deux jours plus tard, au café Henry où il m'avait donné rendez-vous. Il s'était plus ou moins déguisé, avec des lunettes noires, une fausse moustache. Ces précautions m'ont semblé un peu naïves, d'autant qu'on aurait pu me suivre. C'est au cours de ce déjeuner que nous avons mis au point les déclarations de la conférence de presse et qu'il a évoqué l'affaire des momies. Il m'a affirmé qu'il avait des preuves de ce qu'il affirmait. Je ne l'ai plus revu.

– Il ne vous a rien remis ? Dans ce genre de situation, on remet des preuves à une personne de confiance, en lui demandant de les publier s'il vous arrive malheur. C'est une assurance pour rester en vie.

L'avocat eut une petite moue.

– C'est en effet l'usage en pareil cas, mais Merino ne m'a remis aucun document. Peut-être avait-il l'intention de le faire ultérieurement ou bien s'est-il adressé à quelqu'un d'autre... Peut-être bluffait-il. J'insiste sur le fait que j'ai toujours employé un conditionnel prudent en parlant de ses révélations...

Montoya se répétait. Gabriel estima qu'il n'en tirerait rien de plus. Pour jouer jusqu'au bout son numéro de journaliste, il proposa à l'avocat de le photographier. Celui-ci posa complaisamment dans diverses situations : derrière son bureau en train de compulser un dossier, à sa fenêtre son téléphone sans fil coincé dans le creux de l'épaule, renversé dans son fauteuil avec, sur les genoux, un journal ouvert à la page consacrée à sa conférence de presse.

Le Poulpe avait envie de se dégourdir les jambes. Armé de son plan de Santiago, il redescendit à pied une large avenue jusqu'à Providencia. Par ici, il y avait quelques magasins de luxe. Gabriel y jeta un œil distrait. Une devanture retint son attention : des chaussures de marque américaine vendues mille francs à Paris étaient proposées à soixante dollars – tous les prix étaient affichés en pesos et en dollars, et il préférait calculer en dollars pour éviter de se casser la tête avec les pesos. Pourquoi pas ? Il avait besoin d'une bonne paire de godasses de marche. L'idée de charger son sac de ce poids supplémentaire le fit hésiter. Tandis qu'il se livrait à ces réflexions, une image s'inscrivit furtivement sur la vitre de la boutique : de l'autre côté de l'avenue un type prenait des photos avec un appareil muni d'un gros téléobjectif.

Le reflet du photographe inconnu glissa sur la vitrine, s'évanouit. Le Poulpe entra dans le magasin. Il contourna le sémillant vendeur en chemise blanche bien repassée qui se précipitait au-devant de lui, de façon à pouvoir observer l'autre rive de l'avenue. L'homme au téléobjectif avait filé ou fait disparaître son appareil. Gabriel ne réussit pas à l'identifier parmi les passants. Il ressortit dix minutes plus tard de la boutique, avec ses pompes américaines neuves aux pieds et la conviction qu'il avait désormais intérêt à prendre quelques précautions : sa curiosité pouvait déplaire aux gens qui avaient trucidé Merino...

Il poursuivit son chemin à pied, non sans observer discrètement ce qui se passait derrière lui. Il ne remarqua rien. Tout d'un coup, il se sentit un peu faible. Il crut que le changement de latitude et le décalage horaire le perturbaient, puis réalisa qu'il était quatorze heures passées et qu'il n'avait rien mangé depuis sept heures du matin. Il se laissa tenter par le vaste fast-food qui faisait l'angle de l'avenue. L'univers de ce restaurant était en tous points semblable à celui de n'importe quel établissement du même type, jusqu'à la musique insipide, aux gilets des serveurs et aux photos de stars hollywoodiennes sur les murs. Une clientèle de jeunes gens chics singeait la mode des universités nord-américaines et se goinfrait de hamburgers en sirotant des Pepsi. Pour l'exotisme, c'était raté, mais Gabriel craignait de se risquer dans une gargote dont la tambouille lui flanquerait la turista. Il s'installa au fond et consulta d'un air dégoûté une carte graisseuse rédigée en anglais. À la table voisine, deux blondes prirent des mines de chattes pour tester l'effet qu'elles faisaient sur l'étranger. Il les ignora. Elles se lassèrent.

L'estomac lesté d'une mixture douteuse, il n'eut plus envie de marcher. Il grimpa dans un taxi et tendit au chauffeur le morceau de papier sur lequel il avait griffonné l'adresse de Jorge Casado, le correspondant de Benyamin. Cette démarche s'imposait, mais il n'en attendait pas grand-chose.

Le trajet dura moins de vingt minutes et ne permit pas à Gabriel de voir Santiago sous un jour différent. Nunoa lui apparut comme une banlieue résidentielle relativement aisée. Ce n'était certes pas le luxe de Las Condes, mais une paisible atmosphère provinciale régnait ici. Les maisons étaient relativement bien entretenues. Hormis quelques types qui briquaient leurs voitures, il n'y avait pas grand monde dans les rues. Jorge Casado habitait un appartement situé au troisième étage d'un immeuble en briques. Son nom était inscrit sur le bristol fixé sur l'interphone, assorti du titre pompeux de « business adviser ».

Le Poulpe enfonça la sonnette, insista. Comme il s'y attendait cet appel demeura sans réponse. Il appuya alors, au hasard, sur les interphones des voisins et réussit, après plusieurs tentatives, à se faire ouvrir la porte. Il s'engagea dans un escalier sombre, puis s'entendit héler. Il leva la tête et distingua une silhouette sur le palier du premier étage. La lumière jaillit. C'était une femme d'une cinquantaine d'années en robe de chambre et pantoufle, ni belle ni laide. Elle paraissait méfiante.

– Je viens voir Jorge Casado. Ça ne répond pas.

– Il n'est pas là. Il voyage beaucoup. Il est peut-être aux États-Unis, ou en Europe. Et vous, d'où venez-vous ?

– De Paris. Je travaille pour le correspondant du *señor* Casado.

La femme sembla rassurée et même flattée de rencontrer un voyageur venu d'aussi loin. Elle lui proposa un café. Son appartement était minuscule et encombré de toutes sortes de meubles et bibelots. Il était difficile de faire un pas sans risquer de renverser quelque chose. Elle s'éclipsa et revint avec un plateau et des tasses qu'elle disposa sur un guéridon. Elle avait troqué sa robe de chambre contre un pantalon moulant et un T-shirt rouge, ce qui lui donnait une allure plus énergique mais ne suffisait pas à la rendre séduisante. Le Poulpe but son café et bavarda un peu. Elle lui affirma qu'il se débrouillait très bien en castillan.

– *El señor* Casado est parti depuis longtemps ?

La femme compta sur ses doigts.

– Ça doit faire au moins un mois que je ne l'ai pas vu.

Un mois, ça correspondait à la conférence de presse de Montoya…

– Mais, vous l'avez vu partir ? Il vous a annoncé son départ ?

– Non, mais nous n'avions pas beaucoup de relations. Il n'est venu me rendre visite qu'une seule fois en trois ans, pour m'emprunter un tire-bouchon. (Elle rit.) Il ne me l'a même pas rendu…

Peut-être regrettait-elle que les visites de Casado n'aient pas été plus fréquentes.

– Ça ne vous ennuie pas que je monte au troisième ?

– Je vous assure qu'il n'est pas là. Je l'aurais entendu. Mais si vous y tenez…

Elle gravit l'escalier devant lui. Elle avait tout de même conservé des fesses bien rondes et une taille fine.

– Ici, il n'y a personne, dit-elle quand ils parvinrent sur le palier du second. L'appartement est à louer, mais le propriétaire en veut trop cher.

Elle s'interrompit pour renifler avec ostentation et échangea un regard avec Gabriel, qui, lui aussi, avait décelé cette odeur…

La porte était entrouverte. À tout hasard, le Poulpe frappa, puis, sans attendre de réponse, pénétra dans l'appartement. La puanteur le prit à la gorge. Le spectacle qui l'attendait ne le surprit pas, pourtant il s'immobilisa et fut pris de nausée. Il se maîtrisa mais renonça à s'approcher du cadavre sur lequel grouillaient toutes sortes d'insectes. Un rat fila entre ses jambes. Il retourna sur le palier où attendait la voisine de Jorge Casado.

– À moins que vous ne teniez absolument à récupérer votre tire-bouchon, je ne vous conseille pas d'aller voir ça…

Elle hocha la tête et entra à son tour. Peut-être n'avait-elle pas compris le sens de sa phrase. Ou bien la curiosité l'avait-elle emporté. Gabriel tendit les épaules, dans l'attente du hurlement qu'elle allait pousser quand elle découvrirait le corps en décomposition, mais aucun cri ne troubla le silence. En prêtant l'oreille, on n'entendait que des cumbias provenant d'assez loin. L'absence de la voisine lui sembla longue. Un goût morbide la poussait-elle à prolonger cette visite ou s'était-elle évanouie sur place ?

Gabriel se préparait à lui porter secours quand elle réapparut. Pâle comme la mort. Son tire-bouchon à la main.

– Je l'ai trouvé dans la cuisine, dit-elle avant de s'effondrer dans ses bras.

7

– Qu'alliez-vous faire chez Jorge Casado ?

– Du commerce, répondit Gabriel.

Il avait eu tout le temps de se préparer à répondre à cette question. Son interlocuteur parlait un anglais acceptable. Il était jeune, mais pas assez pour ne pas avoir choisi la profession de flic sous la dictature de Pinochet. À le voir ainsi, avec sa barbe blonde, son petit costume bleu et sa chemise blanche, il n'avait pourtant pas l'air méchant.

– Du commerce, répéta-t-il. Vous êtes commerçant, Mister Lecouvreur ?

– Intermédiaire. Je rends des services. Mais je crains de ne plus avoir l'occasion d'en rendre à Jorge Casado.

– Je vois. Et pour quelle société travaillez-vous ?

– Je suis en free-lance. Je repère des lots intéressants et je les vends au plus offrant.

– Et c'est la première fois que vous venez au Chili ? Qu'est-ce qui vous a attiré dans notre pays ?

– Son dynamisme... On m'en a parlé comme d'un pays en pleine mutation, un des rares États d'Amérique latine à avoir réussi son décollage économique, récita le Poulpe, avec le plus grand sérieux.

– Vraiment ?

– Absolument. Toute la presse française l'affirme.

Le flic rosit de satisfaction chauvine. Il se leva, contourna son bureau et vint lui serrer la main.

– Et bien je vous souhaite de réaliser de bonnes

affaires dans notre pays et de ne plus faire de rencontres aussi désagréables…

Était-il aussi stupide qu'il en avait l'air ou faisait-il semblant ? Gabriel quitta le commissariat sans en avoir le cœur net. Au passage, il salua d'un sourire ironique les deux carabiniers qui montaient la garde devant l'entrée. Les cerbères, des géants sanglés dans des uniformes au pli irréprochable, ne cillèrent pas. Mieux valait venir ici comme touriste que comme client.

Compte tenu de l'état du cadavre et de la date d'arrivée du Poulpe à Santiago, il était impossible de lui faire porter le chapeau. Ce qui expliquait sans doute la bienveillance des flics et la brièveté de l'interrogatoire. Gabriel se félicita de ne pas avoir filé après la découverte du cadavre, comme il en avait eu la tentation. Il hésita sur la conduite à tenir. Convenait-il d'appeler Benyamin pour lui rendre compte de la situation ? Après mûre réflexion, il décida que non. L'autre risquait de prendre peur et d'abandonner la partie, et par conséquent de cesser de prendre ses frais en charge…

Le temps avait filé. Il était désormais trop tard pour prendre rendez-vous avec la juge Nicolls. Le Poulpe prit le chemin de son hôtel, qui, à en croire son plan, n'était pas loin du premier commissariat où l'avaient conduit les flics. Il ressentait le besoin urgent de prendre une douche et de se changer, il se sentait aussi sale que si la vermine qui pullulait sur le cadavre de Jorge Casado s'était infiltrée sous ses vêtements et avait souillé son propre corps. Un bataillon de touristes argentins avait envahi l'hôtel. Les femmes étaient en short, bien qu'il ne fît pas si chaud que ça. Leurs cuisses celluliteuses, leur maquillage outrancier et leurs énormes chignons évoquaient les monstres féminins des films de Fellini. Leurs hommes étaient dans le même genre, ventrus et vulgaires. Ces gens se conduisaient comme en terrain conquis. Ils claquaient des doigts en braillant *« Olà chica ! »*(1) pour s'adresser aux employées de l'hôtel débordées par cette invasion. Le Poulpe réussit, non sans mal, à se frayer un passage au travers de cette cohue et à obtenir sa clef, mais renonça à utiliser l'ascenseur, de crainte de se trouver coincé entre deux ou trois de ces gorgones. Fantasmant toujours sur sa douche, il escalada l'escalier quatre à quatre, évita de justesse une fillette chargée d'une lourde pile de linge qui arrivait en sens inverse et parvint tout essoufflé devant sa porte. Ce n'est qu'après l'avoir refermée derrière lui qu'il constata qu'un homme occupait l'unique fauteuil de la chambre.

– *Buenos dias señor*, dit-il poliment. J'ai dû me tromper de chambre.

– Vous ne vous êtes pas trompé, dit l'homme. Mais, à cette heure de la journée, on dit *buenas tardes*.

Il s'exprimait en espagnol, pourtant son accent n'était pas celui que le Poulpe avait entendu à Santiago jusqu'ici.

– Alors *buenas tardes señor*, fit Gabriel, toujours aussi aimablement. Qu'est-ce qui me vaut l'honneur de votre visite ?

(1) «Olà petite !»

D'une pichenette le visiteur écarta sa veste, laissant voir un holster et une crosse nickelée.

– Restez où vous êtes, retirez votre blouson et lancez-le-moi, sans geste brusque que je serais susceptible de mal interpréter.

Le Poulpe s'exécuta. L'homme ramassa le blouson, tâta les poches, sortit le portefeuille et en étala le contenu devant lui sur la moquette.

– Je ne vois pas votre passeport.

– Il est dans le coffre de l'hôtel. J'en ai fait une photocopie. C'est une précaution qu'on m'a recommandée.

– C'est prudent en effet. Mais ce qui ne l'est pas, c'est de poser des questions partout, à n'importe qui, sur des choses qui ne vous concernent pas.

L'homme se leva et alla s'adosser à la fenêtre, ce qui permit au Poulpe de constater qu'il possédait une carrure d'athlète et au moins cinq centimètres de plus que lui. Sa gueule allait avec le reste : courte brosse blonde, nuque rasée, œil bleu et froid, mâchoire carrée. Ça ne devait pas être un client facile, mais il avait probablement son talon d'Achille. Peut-être son assurance. Ce type était si sûr de lui qu'il n'avait pas jugé nécessaire de dégainer son arme…

– Police ? demanda le Poulpe.

– C'est moi qui pose les questions.

– Pardonnez-moi, *señor*, je n'avais pas bien compris. Que voulez-vous savoir ?

– Pour qui travaillez-vous ?

– Comme je l'ai expliqué à vos collègues, je suis en free-lance, je recherche des lots de marchandises intéressants et…

– Si vous continuez à vous foutre de moi, je vais être obligé de changer de méthode. Je ne répéterai pas trente-six fois ma question : pour qui travaillez-vous ? Pourquoi avez-vous rencontré l'avocat Montoya ?

– Les services d'un avocat peuvent toujours être précieux dans un pays étranger, hasarda le Poulpe.

Le géant blond soupira et glissa sa main sous sa veste. Gabriel s'attendait à ce qu'il lui pointe son revolver sur le nez, mais ce fut une fine lame d'acier qui jaillit au poing de l'homme. Il en éprouva la pointe avec son index, puis fit un pas en direction du Poulpe.

– Si vous ne vous décidez pas à me répondre, je vous coupe un doigt, et ensuite…

– Et ensuite ?

– Je vous crève un œil.

Ces perspectives semblaient beaucoup l'amuser.

Gabriel se souvint que Merino avait été poignardé à La Paz, et aussi Jorge Casado, semblait-il… Il fit lui aussi un pas vers l'autre, en levant des mains implorantes.

– D'accord, je vais vous dire tout ce que vous voulez, mais, *por favor señor*, rangez cet objet, gémit-il.

En dépit de l'attitude soumise du Poulpe, son mouvement en avant inquiéta l'autre. La pointe du poignard vint s'appuyer contre la gorge de Gabriel.

– Pas un geste de plus, *señor*. Maintenant je vous écoute. Soyez bref et précis.

Manqué ! songea le Poulpe, j'ai affaire à un vrai pro.

Il ouvrit la bouche, mais aucun son n'en sortit et ses lèvres se mirent à trembler, comme celles d'un homme que la terreur paralyse. La pression de la pointe s'accentua. Ce fut le seul résultat de cette petite comédie.

– J'attends !

L'image du cadavre puant recouvert de vermine de Jorge Casado se forma dans le cerveau du Poulpe.

– Je travaille pour un musée européen, bluffa-t-il. Le National Muséum d'Amsterdam…

Il ignorait s'il existait un National Muséum à Amsterdam, mais la pression se relâcha. Il tâta sa gorge, constata que du sang poissait sa main.

– Un musée ?

– Oui, ils veulent savoir si les momies qu'on leur a vendues sont authentiques, c'est tout. Le reste, vos vieilles histoires, entre Chiliens, ne les intéresse pas. Et pour ma part, ça ne m'intéresse pas du tout non plus…

– Un musée, répéta l'homme. C'est donc ça. Alors, écoutez-moi, *señor* Lecouvreur…

Il n'eut pas le temps d'en dire plus. Un point noir s'inscrivit au milieu de son front. Un flot de sang inonda son visage. Il fut projeté en arrière et tomba à la renverse sur le fauteuil, les bras ballants.

Le Poulpe se retourna d'un bloc. Il croisa le regard du tueur, un métis à la peau mâchurée. Il se précipita dans le couloir. L'homme s'éloignait, d'un pas rapide, mais sans courir. Il s'élança à sa suite. L'ouverture d'une porte bloqua son élan. Un groupe d'Argentins en tenue de soirée envahit le passage.

– Vous êtes blessé ? s'inquiéta une femme en fourreau noir.

– Je me suis coupé en me rasant. Ce n'est rien.

Il échappa à la sollicitude des Argentins, revint sur ses pas, verrouilla la porte de la chambre derrière lui à double tour et s'y adossa.

Deux cadavres, à quelques heures d'intervalle. Cela faisait au moins un de trop pour que la police le traite de la même manière que la première fois. Surtout si ce type était lui-même un flic…

Le Poulpe ramassa ses papiers, toujours éparpillés sur le sol, les rangea dans son portefeuille, puis entreprit de fouiller le géant blond, en se bouchant le nez et en s'appliquant à ne pas se tacher. Ce cadavre ne puait pas autant que celui de Jorge Casado, mais il ne sentait pas bon pour autant. Une flaque nauséabonde s'étalait sur le fauteuil et la moquette.

Le mort possédait un passeport américain au nom de Ralph Dillon. Son portefeuille contenait divers documents établis au même nom, des cartes de crédit, cinq billets de cent dollars, six de cinquante, et deux de mille pesos. Le Poulpe prit les billets et remit le portefeuille et le passeport à leur place. Dans les poches latérales de la veste, il trouva une enveloppe de papier kraft, un agenda électronique Hewlett Packard et une carte d'embarquement pour un vol de la Panam. Il ouvrit l'enveloppe et en fit glisser deux photos. L'une était celle d'un inconnu, de type indien. L'autre, celle du Poulpe prise devant la vitrine du marchand de chaussures. Ces deux tirages n'étaient pas de même format. Au dos de sa photo, il y avait un tampon du magasin Reischneider avec son adresse, Avenida de l'Alameda. Derrière celle de l'Indien, le tampon d'un labo de développement rapide installé calle Velasquez, à Mexico.

Gabriel fut tenté de s'emparer du revolver de feu Ralph Dillon, mais il y renonça. Il ne pourrait pas franchir les contrôles de l'aéroport avec cette arme. Or il avait l'intention de quitter Santiago avant que le cadavre de l'Américain ne soit découvert. Avec un peu de chance, personne ne pénétrerait dans cette chambre avant le lendemain. Les employés de l'hôtel avaient déjà fort à faire avec les Argentins et ils n'avaient aucune raison de venir ici car le Poulpe avait payé d'avance. À moins bien sûr qu'un acolyte de Dillon ne s'inquiète de sa disparition et ne les alarme…

Gabriel enfouit pêle-mêle ses affaires dans ses deux sacs, vérifia qu'il ne laissait rien derrière lui, verrouilla la porte et descendit au rez-de-chaussée par l'escalier. Il redoutait que le réceptionniste ne lui demande s'il quittait l'hôtel, mais celui-ci était toujours aux prises avec les Argentins qui se préparaient semble-t-il à visiter Santiago by night et attendaient leur car. Il réussit donc à traverser le hall et à sortir sans que personne ne s'intéressât à lui.

Il avisa le premier taxi et lui demanda de le conduire à l'aéroport. C'était une Mercedes, d'un modèle ancien dont les coussins en cuir rouge étaient rafistolés avec du chatterton.

– Lignes intérieures ou internationales ? demanda le chauffeur.

– Internationales.

– Vous prenez l'avion de onze heures pour Mexico, n'est-ce pas, *señor* ?

– Vous avez l'air de bien connaître les vols.

– Je les connais tous par cœur. C'est mon métier. C'est à l'aéroport que je fais les meilleures affaires, mais les Mexicains ne sont pas des bons clients.

– Et pourquoi donc ?

– Dans leur pays, on ne donne pas de pourboire.

– Et, ce soir, il n'y a que l'avion de Mexico ?

– Il y en a un pour San Francisco, avec escale au Paraguay, à minuit, et un pour Rio de Janeiro, à deux heures du matin, énuméra le chauffeur. Mais j'ai tout de suite deviné que vous preniez celui de Mexico. Les gens n'aiment pas traîner deux ou trois heures à l'aéroport.

– Bravo, dit le Poulpe, vous avez tout bon. Mais j'ai un petit problème.

– Quel genre de problème, *señor* ?

– Je n'ai pas eu le temps de m'occuper de mon visa mexicain à Paris, et à Santiago non plus. Je suis dans les affaires et je n'ai pas eu une seconde à moi depuis huit jours. Vous croyez que ça peut s'arranger à l'aéroport ?

– Avec la police chilienne, c'est impossible. Les flics de chez nous sont intraitables. Vous avez des dollars ? En liquide ? Combien êtes-vous prêt à mettre ?

– Pas trop cher, sinon il vaut mieux que je reste jusqu'à demain pour faire un saut au consulat. Mais ça m'arrangerait de partir tout de suite. Mon patron m'attend à Mexico. Il a un contrat à signer et il tient absolument à me le montrer.

– Je comprends ça, *señor*, mais je ne vais rien pouvoir faire pour vous à moins de mille dollars.

Le Poulpe songea aux billets qu'il avait pris dans le portefeuille de Ralph Dillon et fit mentalement l'addition.

– Je ne peux pas aller au-delà de huit cents. Je n'ai pas un dollar de plus en liquide.

– Ça ne fait rien, *señor*, la personne à laquelle je songe acceptera certainement des francs ou des pesos pour faire le complément…

8

Le Poulpe fut pris d'une quinte de toux à l'aéroport de Mexico. Dès qu'il eut mis le pied sur la piste, à la descente de la passerelle, il éprouva l'impression d'étouffer et ressentit des picotements dans la gorge. Il s'efforça de se persuader que ces désagréables sensations étaient d'origine psychologique, mais elles ne disparurent pas pour autant. Dans le hall une foule de rabatteurs l'assaillit. Les plus entreprenants tentaient de s'emparer de ses bagages. Il échappa à cette meute et alla s'affaler au bar, abruti par son voyage nocturne et le manque de sommeil. Après avoir avalé deux cafés il se sentit un peu mieux et estima avoir l'esprit assez clair pour envisager la suite des opérations.

Il avait choisi Mexico sur une intuition, et aussi parce que c'était le premier vol et qu'il ne tenait pas à tenter le diable en prolongeant son séjour à Santiago. Le premier avion pour Paris, via San

Francisco, ne décollait que le lendemain, ce qui représentait un gros risque. Le passeport de Gabriel Lecouvreur portait maintenant un beau timbre vert signé par un certain Ismaël Naveja Macias, consul de Mexico. Ce timbre avait très probablement été décollé d'un passeport volé. Le faussaire avait effacé le nom de son propriétaire pour le remplacer par celui du Poulpe. Le travail avait été fait proprement. Au premier coup d'œil on ne remarquait rien. Le policier chilien qui contrôlait les voyageurs n'avait pas tiqué. Quelques secondes d'angoisse et Gabriel s'était retrouvé dans la file d'embarquement. Quant au flic mexicain qui somnolait dans sa cage de verre, il avait donné son coup de tampon sans la moindre hésitation.

Dans l'avion, Gabriel avait voulu consulter l'agenda électronique de Ralph Dillon, mais l'hôtesse le lui avait interdit et un steward zélé avait menacé de lui confisquer l'appareil s'il recommençait à l'utiliser en vol.

Après avoir bu un troisième café, il examina l'objet. C'était un véritable ordinateur de poche qui contenait plusieurs centaines de noms et de fiches rédigées en anglais. Il eut l'impression qu'un code protégeait certaines données, sans en avoir la certitude car ses compétences en informatique étaient limitées. Il ne trouva rien qui concernât Casado, Montoya, Benyamin ou lui-même, ni la moindre indication sur la fonction officielle de Ralph Dillon. Toutefois, après diverses manipulations, il découvrit un numéro de téléphone permettant de restituer l'ordinateur à son propriétaire en cas de perte. L'indicatif était celui de la ville de Washington. Le Poulpe recopia ce numéro sur son propre carnet.

Quand il quitta le bar, les rabatteurs revinrent à la charge mais il dédaigna les taxis pour prendre le métro dont il avait eu tout le temps d'étudier le plan pendant le vol.

Ce métro était beaucoup moins propre que celui de Santiago, mais pas beaucoup plus sale que celui de Paris. Les voyageurs avaient pour la plupart des physiques d'Indiens ou de métis. Des vendeurs ambulants se faufilaient au milieu de familles encombrées de balluchons pour proposer des beignets, des bonbons, des gâteaux, des peignes, des slips et même des recueils de poèmes à la gloire de Mexico. Les visages accusaient la fatigue, la lutte pour la survie quotidienne, les peaux se couvraient d'éruptions malsaines, conséquences de la pollution et de l'alimentation déficiente. Certains gosses étaient déjà fripés comme des petits vieux. Bien qu'il fût vêtu de façon très simple, un jean et un blouson de toile, Gabriel éprouva un certain malaise au sein de cette foule. Pourtant ces gens ne manifestaient pas la moindre agressivité à l'égard de l'étranger et avaient toujours le sourire pour répondre à ses questions.

Après trois quarts d'heure de voyage et un changement, il descendit à Insurgentes, avec l'intention de trouver un hôtel dans la *zona rosa*, quartier dont Hector Aguilar Camin parlait avec enthousiasme dans *La mort à Vera Cruz*, roman qui l'avait passionné. Il fut très vite déçu par cette succession de restaurants et de magasins de demi-luxe devant lesquels mendiaient des Indiennes et leurs gosses accroupis sur le trottoir.

Il choisit, un peu au hasard, un établissement au charme vieillot.

Le Vasco de Quiroga avait résisté pendant près d'un siècle aux tremblements de terre qui avaient secoué Mexico.

C'était bon signe.

Dans l'ascenseur, il eut la surprise d'entendre un groupe de clients s'exprimer en français.

– En vacances ? demanda-t-il à un gros type hilare qui racontait ses mésaventures avec une *muchacha* qui lui avait taxé cent dollars.

– Non, travail. Nous appartenons à une délégation industrielle organisée par le ministère de l'Économie, mais aujourd'hui nous avons quartier libre.

– Vous n'auriez pas un informaticien parmi vous ? J'aurais un petit service à lui demander.

– Nous en avons plusieurs. Retrouvez-nous au moment du déjeuner.

Tous ces personnages, qui voyageaient sans doute aux frais des contribuables, portaient costume et cravate. Leurs chaussures étincelaient. Pour se mettre à leur portée, le Poulpe fit donner un coup de fer au costume de lin noir et à la chemise assortie qu'il réservait à de semblables circonstances. Dans cette tenue, les larbins du Vasco de Quiroga le regardaient déjà d'un autre œil. Il alla s'attabler au restaurant avant les autres et commanda une Tecate, en boîte, que le garçon, surpris, lui apporta cérémonieusement avec du sel et une rondelle de citron vert sur le couvercle.

L'amateur de *muchachas* arriva bientôt en compagnie de deux de ses compères qu'il présenta au Poulpe comme des huiles et des génies de l'informatique. Ils s'installèrent de chaque côté de lui et commencèrent par déblatérer sur le Mexique et les Mexicains.

– Ici, tout marche au pot-de-vin, les ministres se vendent au plus offrant, aucun règlement n'est respecté…

– Ça me rappelle quelque chose, dit le Poulpe.

– Et vous-même, qu'en pensez-vous, monsieur Lecouvreur ?

– Je viens d'arriver et je ne suis pas dans la même branche que vous…

Le Poulpe les écouta patiemment et attendit que la consommation des *tacos*, des *pollos assados* et des *oscuras*(1) les ait mis de bonne humeur pour leur montrer le gadget de Ralph Dillon.

– Mon fils a le même. Quel est votre problème ? demanda le génie placé à sa gauche.

– Un code. Je n'y connais rien, mais il me semble qu'un code protège l'accès de certains fichiers.

– Il n'est pas à vous ? s'étonna le génie de droite, vaguement soupçonneux.

– Je l'ai volé.

– Vous plaisantez ?

– Pas du tout. Je suppose que je peux compter sur votre discrétion, messieurs ?

– Eh bien…

Il baissa la voix.

(1) Poulets rôtis et bières brunes.

– Entre compatriotes, n'est-ce pas… Je l'ai volé, mais c'est pour la bonne cause. J'appartiens à la DGSE. Mais, si vous avez le moindre doute, vous pouvez vous renseigner à Paris. Bien sûr, ils ne vous diront rien à la piscine, mais vous pouvez appeler les RG et demander Jacques Vergeat. Il me connaît très bien.

Il poussait le bouchon un peu loin en se payant le luxe de citer son ennemi personnel. Son goût pour le canular le perdrait sans doute un jour.

– Vous n'avez pas d'informaticien à la DGSE ?

– Le temps de les contacter et de faire venir quelqu'un, ce sera trop tard. Ces renseignements doivent être exploités le plus vite possible. Si nous nous revoyons un jour à Paris, je pourrais peut-être vous en dire plus…

Tous ces petits mystères semblèrent les émoustiller. S'ils conservaient des doutes sur la véracité de ces explications, le plaisir de s'encanailler à peu de frais l'emportait sur la morale, et la leur était sans doute assez élastique. On ne partage pas tous les jours la table d'un agent secret ou d'un truand…

Le génie de gauche chaussa ses lunettes, se concentra sur l'ordinateur, pianota.

– Il y a un code, en effet, dit-il après quelques minutes de ce petit jeu, mais ça ne doit pas être sorcier.

– Vous me permettez d'essayer ? proposa le génie de droite.

– Laissez-moi ma chance, cher ami ! protesta son confrère pris au jeu.

Il poursuivit ses opérations, puis s'avoua vaincu.

– C'est plus sioux que je ne l'imaginais. Essayez donc, si ça vous tente.

Le génie de gauche pianota à son tour, fronça les sourcils.

– Classique !

– Qu'est-ce qui est classique ?

– N'importe quel *hacker*[1] amateur sait ça aujourd'hui… Ne vous vexez pas, cher ami, dit-il, un rien paternaliste.

Puis il se tourna vers le Poulpe.

– Dites donc, le type à qui vous avez barboté ça, il appartient à la CIA ou quoi ?

Gabriel lui adressa un clin d'œil.

– Vous êtes bien placés pour savoir que, les Américains et nous, c'est la guerre économique… Tous les coups sont permis.

– À qui le dites-vous ! acquiesça le génie. Voilà, c'est terminé…

Il rendit la machine vaincue au Poulpe.

– C'est très simple, il y a deux codes. Le premier est «Foster»[2], il y a une liste de noms accolés à des ambassades américaines, c'est ce qui m'a fait penser que votre client émarge à Langley… Ce Yankee manque singulièrement d'imagination.

Gabriel secoua la tête, d'un air consterné.

– Jamais un type de mon service ne commettrait une erreur aussi grossière. On nous apprend ça en culottes courtes. Et le second code ?

– Il est plus original. C'est «Mummy»[3].

(1) Pirate informatique.
(2) Foster est le prénom de Foster Dulles, ex-patron de la CIA et Langley le siège de cette organisation.
(3) «Momie».

9

Quand le Poulpe parvint Plaza Garibaldi, à pied, après avoir profité de la balade pour découvrir Mexico, les mariachis étaient à leur poste, devant les boîtes de nuit et les restaurants. Les travaux n'avaient guère avancé depuis le jour où José Balaguer s'était fait poignarder mais les portraits du président Zedillo avaient disparu des palissades. Gabriel aborda un couple et se fit indiquer le marché couvert où feu José Balaguer tenait son restaurant –il avait trouvé son nom, parmi beaucoup d'autres, dont le sien, dans le fichier codé «Mummy». Ce fichier contenait aussi des renseignements sur l'avocat Montoya, sur son éphémère client Merino, sur Jorge Casado, sur le journaliste Lestepied et sur le capitaine Lazaro Silvera. Les autres individus fichés, une quinzaine en tout, étaient inconnus du Poulpe, qui avait consciencieusement recopié ces informations, de crainte de les effacer définitivement par une fausse manœuvre ou de ne plus pouvoir y accéder.

Somme toute, il avait eu beaucoup de chance. Il était content de lui car il estimait ne pas s'être mépris sur la principale faiblesse de Ralph Dillon : ce type était trop sûr de lui. Il fallait l'être pour se promener avec cet ordinateur sur lui. Une pareille assurance ne pouvait s'expliquer que par une couverture semi-officielle des services chiliens.

Dans le marché couvert, les patrons des restaurants vantaient leurs marchandises à grands cris et tentaient à toute force de retenir les badauds. Les poulets et les saucisses grillées étaient appétissants, mais Gabriel n'avait plus faim. Il avait beaucoup trop mangé et bu en compagnie des membres de la délégation industrielle. Il trouva assez facilement l'échoppe de Balaguer, qui se réduisait à un bar, un grill, une table et quatre tabourets de bois. Une petite femme maigre s'employait à découper un poulet dégoulinant de graisse. Le Poulpe la salua aimablement puis demanda où il pouvait rencontrer José Balaguer.

– Au cimetière, répondit la femme, sans cesser de s'occuper de son poulet.

Cette nouvelle ne le surprit pas outre mesure. Néanmoins, il éprouva le besoin de s'asseoir et de se désaltérer pour la digérer, en même temps que les *tacos* du Vasco de Quiroga qui ne passaient pas. Cette fois il commanda une *clara*[1]. La femme abandonna un instant son poulet pour ouvrir un frigo. Elle décapsula la boîte et la plaça devant lui, sans un mot aimable, mais sans agressivité non plus. Elle semblait indifférente. Il en conclut qu'elle n'était probablement ni la femme ni la mère de Balaguer, à moins que la mort de celui-ci ne constituât pour elle une délivrance…

– Que lui est-il arrivé ? demanda-t-il après avoir avalé une gorgée de bière.

– Il a reçu un mauvais coup, d'après ce que je sais.

– Vous êtes peut-être de sa famille ?

– Je remplace sa femme, pendant le deuil. Mais je ne les connais pas plus que ça. Je travaille, c'est tout. Pourquoi posez-vous toutes ces questions ?

(1) Bière blonde.

Il étala un billet de mille pesos sur le comptoir. C'était une explication qui valait toutes les autres. La femme considéra le billet avec perplexité, puis le fit disparaître.

– Adressez-vous à son frère, *el Gordito*, il vous dira peut-être ce vous voulez savoir. Moi, je ne sais rien. Mais je vous préviens : il habite San Huilapan, un *pueblo* du côté de Morelia.

– Ça ne fait rien. Je serai très heureux de visiter Morelia.

Elle haussa les épaules, sans doute irritée par l'attitude désinvolte de ce *gringo*, puis griffonna un nom et une adresse sur une feuille qu'elle arracha au calepin qui lui servait à faire ses additions.

– Je ne veux pas d'histoire, conclut-elle.

– Vous n'en aurez pas.

Le Poulpe la salua et s'éloigna. Dès qu'il eut fait une cinquantaine de mètres, elle quitta son échoppe pour aller parler à son voisin. Un peu plus loin, Gabriel croisa le flic qui surveillait le marché. Un moustachu obèse qui oscillait d'un pied sur l'autre d'un mouvement nonchalant en laissant sa matraque se balancer au bout de son bras. Le policier le gratifia d'un sourire encourageant.

– Puis-je vous demander votre aide, *señor capitan* ?

– *Claro que si !*[1]

– Pouvez-vous interrompre votre service pour boire quelque chose avec moi ?

– *Claro que si !*

(1) Bien sûr que oui !

Cette seconde réponse était nettement plus enthousiaste que la première. Ils allèrent s'asseoir à l'entrée du passage couvert où un groupe de *mariachis*, dont une femme bien en chair et très décolletée, susurraient *La cucaracha* pour un couple de touristes allemands.

Le flic prit un mezcal qu'il vida d'un trait et Gabriel une bière.

– Vous aimez la musique de notre pays, se*ñor* ?

– Beaucoup…

– Alors, il faut donner quelque chose à ces *muchachos*, dit le flic en montrant les musiciens – apparemment il faisait travailler le commerce local.

Le Poulpe s'exécuta. Il eut droit à une œillade de la chanteuse et à un récital. Le flic commanda un second mezcal.

Ses petits yeux porcins brillaient.

– Je suis conscient de vous faire perdre votre temps, qui est sans doute précieux, attaqua le Poulpe, en faisant le geste de glisser sa main sous son blouson pour atteindre son portefeuille. Si je ne craignais pas de vous offenser…

– Tu ne m'offenses pas, *amigo*, assura le flic en lui flanquant une claque dans le dos.

Quatre billets de mille pesos changèrent donc de poche.

– Ce n'est pas prudent de garder trop d'argent sur toi, dit le flic. Il faut le cacher. Il y a beaucoup de voleurs à Mexico.

Gabriel n'avait pas attendu ce genre de conseil : il dissimulait ses plus grosses coupures, pliées en huit, dans sa ceinture, mais il n'avait pas l'intention de le crier sur les toits. Il remercia le flic de ses précieux conseils.

– Je cherche deux hommes, dit-il. Je voudrais savoir si vous les avez vus récemment dans le marché.

– En principe, je n'ai pas le droit de donner ce genre de renseignements à un inconnu…

Deux billets supplémentaires eurent raison de ses scrupules.

– Le premier est un Nord-Américain, grand, blond, coiffé en brosse, avec une fossette au menton.

– Je crois avoir vu un type de ce genre, mais ce n'est peut-être pas le tien. Tous ces *gringos* se ressemblent…

– Le second, c'est celui-ci.

Le Poulpe mit sur la table la photo trouvée dans la poche de Ralph Dillon. Le flic la prit entre le pouce et l'index. Une auréole s'inscrivit autour de ses doigts graisseux.

– Celui-là, je l'ai vu en effet, et ça ne fait pas longtemps de ça. Il n'avait pas l'air non plus d'un Mexicain. Je l'ai pris pour un voleur, et j'ai l'œil. Mais il a dû voir que je le surveillais et il a filé…

– Vous ne vous souvenez pas du jour où vous l'avez vu ?

L'obèse secoua la tête.

– Impossible. Il passe trop de monde par ici. C'est déjà bien que je me souvienne de sa tête…

Gabriel rangea sa photo et paya les consommations.

Le flic se leva, péniblement, en prenant appui des deux bras sur la table, flanqua une nouvelle claque sur l'épaule de Gabriel et se remit à arpenter le marché, de son pas lourd et régulier.

Les *mariachis* s'étaient éloignés, à la recherche de nouveaux clients. Le Poulpe flâna un peu sur la place Garibaldi, jeta un œil dans l'entrée d'une boîte de nuit puis en ressortit aussi vite, au désespoir du rabatteur. Une plaque disposée sur les battants de style saloon lui arracha un sourire : on demandait aux clients de laisser leurs armes au vestiaire. Gabriel crut qu'il s'agissait d'une blague destinée aux touristes, mais deux types qui semblaient directement sortis d'un western, avec leurs chapeaux noirs galonnés d'argent, déposèrent sous ses yeux des Colt gros comme des canons de 105. Il en déduisit qu'il valait mieux adopter un profil bas : il ne répliqua pas quand le portier, irrité par son sourire et par son indifférence aux charmes fanés de la serveuse en petite culotte, le traita de *maricón*(1).

La nuit tombait. Quelques personnages à l'allure plus ou moins inquiétante le serrèrent d'un peu près, d'autres se mirent à le suivre et à le regarder avec insistance. On le considérait de toute évidence comme un paquet de dollars ambulant. Il estima préférable de ne pas traîner et rentra à l'hôtel, en taxi cette fois. L'animation nocturne de la *zona rosa* ne le dissuada pas d'aller directement au lit. Le manque de sommeil commençait à se faire sentir et les *tacos* ne passaient toujours pas. Il réussit à s'endormir mais des douleurs d'estomac le réveillèrent au milieu de la nuit. En prime, cette sensation

(1) Pédé.

d'étouffement qui l'avait saisi à l'aéroport revint en force. La climatisation n'arrangeait rien. Il la débrancha et alla ouvrir la fenêtre, qui donnait sur une courette sordide. Au lieu du souffle d'air frais attendu, ce furent des miasmes nauséabonds qui vinrent chatouiller ses narines, mélanges de gaz industriels divers et de relents de pourriture provenant très probablement des poubelles entreposées dans cette cour. Il referma la fenêtre et retourna s'allonger.

Le matin le trouva en très petite forme. Ses aigreurs d'estomac ne le lâchaient pas. Une demi-douzaine de comprimés divers n'en vinrent pas à bout. Il descendit dans la salle de restaurant, où il constata qu'il était le seul client, à l'exception d'un couple de cinquantenaires bien en chair qui s'empiffrait de saucisses et d'œufs au bacon. Cette vision eut pour effet d'exciter la bestiole qui lui dévorait les entrailles. Il commanda un thé. Une serveuse peu aimable lui apporta de l'eau chaude et un sachet de tisane. Il essaya de lui faire comprendre que ce n'était pas ce qu'il avait demandé, puis renonça devant son évidente mauvaise volonté.

Il but donc sa tisane, puis se rendit à la réception, où il demanda la communication avec Paris.

Cheryl décrocha immédiatement.

– Qu'est-ce qui t'arrive, pour m'appeler à deux heures du matin ?

Sa voix était ensommeillée, mais pas agressive.

– Désolé, je me suis planté avec le décalage horaire. J'ai calculé à l'envers, enfin dans le sens contraire. Je croyais qu'il était six heures de l'après-midi…

– Tu n'es pas malade, au moins ?

Cette fois, la voix prenait des inflexions tendres, quasi maternelles, qui lui firent chaud au cœur.

– Juste des *tacos* que je n'ai pas digérés…

– Je t'avais bien dit de ne pas manger n'importe quoi…

Il écouta ses conseils culinaires, puis lui expliqua tout ce qu'il avait envie de lui faire, en dépit de ses maux d'estomac.

– Alors, ça n'est pas trop grave, conclut-elle.

À l'issue de cet échange de tendresses téléphoniques il se sentit un peu mieux. Il prit son sac, paya et se rendit dans une agence Hertz, où on lui proposa une Volkswagen dont les pneus étaient complètement lisses. Il la refusa et choisit une grosse Mazda qui avait meilleure allure. C'est seulement quand il fut engagé dans le flot de véhicules du paseo de la Réforma qu'il se rendit compte qu'il fallait pomper comme un sourd sur la pédale de frein pour parvenir à s'arrêter. Sa situation était d'autant plus périlleuse que personne ne respectait les feux : c'étaient les plus lourds et les plus téméraires qui faisaient la loi. Avant de s'engager sur la route de Morelia, il décida de faire un détour pour voir les fresques de Rivera et Siqueïros. Il passa le reste de la matinée à arpenter les escaliers du palais présidentiel au milieu de hordes de touristes armés de caméscopes. Cette compagnie l'irrita. Sur la place du Zocalo campaient des paysans venus de diverses régions pour remettre leurs doléances au Président. Ils ressemblaient comme des frères aux peones qui brandissaient des fusils et des machettes sur les fresques du palais. Les militaires rutilants qui montaient la garde devant l'édifice avaient eux aussi un air de famille avec les sabreurs peints par Diego Rivera. Des jeunes gens vendaient des T-shirts à l'effigie de Zapata et du *sub-commandante* Marcos. Ce petit commerce et l'hypocrisie de ce régime, qui encensait les civilisations disparues et les révolutions du début du siècle dans ses musées, mais laissait crever les Indiens dans leur misère et les réprimait sans ménagement quand ils se révoltaient, accentua la mauvaise humeur de Gabriel. Il repoussa les avances de divers camelots et alla récupérer sa Mazda que deux gamins étaient en train de frotter avec des chiffons. Il renonça à voir la place des Trois cultures, de crainte de s'égarer dans cette ville monstrueuse, et aussi d'être déçu. Les touristes, les mendiants, les vendeurs, les flics et les soldats lui avaient gâché la visite.

Le Poulpe réalisa très vite que les distances réelles n'avaient pas grand-chose à voir avec l'impression qu'en donnait la carte dépliée à côté de lui et dont il n'avait même pas pris la précaution de lire l'échelle. En revanche, la route était acceptable. Seule la façon de conduire des Mexicains la rendait hasardeuse. Gabriel manquait d'éléments de comparaison pour les classer en tête du peloton des fous du volant, toutefois il les plaça devant les Corses, à égalité avec les Polonais.

La traversée de Mexico lui parut interminable, au point qu'il se demanda à plusieurs reprises s'il ne tournait pas en rond. Il parvint néanmoins sans encombre à Morelia à la tombée de la nuit. Son estomac criait famine. C'était bon signe. Il décida de ne prendre aucun risque et fit une entorse à ses principes en s'installant dans une sorte de demi-palace, sur la place principale de la ville. Après avoir déposé son sac, il alla s'attabler au restaurant de l'hôtel, où l'on servait à peu près la même chose que dans n'importe quel établissement de ce genre à Paris ou à Londres. Gabriel s'y trouva en compagnie d'élégants religieux.

Les robes étaient d'une blancheur immaculée, les soutanes n'avaient pas un faux pli. Tout ce petit monde dînait le petit doigt en l'air. Gabriel s'enquit de la raison de leur présence. Le serveur lui apprit qu'il s'agissait d'une congrégation nord-américaine en voyage d'études mais il ignorait l'objet précis de leurs méditations. Quoi qu'il en soit, le contraste entre leur situation et celle des miséreux qui dormaient sur la place, enroulés dans leurs couvertures, ne semblait pas leur couper l'appétit. Le Poulpe, avec une certaine mauvaise conscience, avala un chateaubriand-frites et une énorme part de gâteau au chocolat qu'il arrosa de deux *oscuras*. Son estomac le lui fit payer un peu plus tard, mais il réussit tout de même à trouver le sommeil. Ici au moins, il était délivré de cette sensation d'étouffement qui l'oppressait à Mexico.

Il se leva à sept heures, frais et dispos. Les religieux l'avaient précédé dans la salle de restaurant. Ils le saluèrent poliment, mais avec une certaine distance. Son apparence négligée ne devait pas leur inspirer confiance. Il acheta une carte détaillée de la région et se fit indiquer la route de San Huilapan par le serveur, qui le mit en garde contre l'état de la chaussée.

Dès qu'on s'écartait des routes principales, on avait en effet droit à un festival de nids-de-poule et d'obstacles divers, dont les plus dangereux n'étaient pas toujours dus à l'usure du revêtement ou à son absence. Les habitants de la plupart des villages que le Poulpe traversa se protégeaient de l'inconscience des automobilistes en édifiant des dos-d'âne agrémentés parfois de fossés dont le profil évoquait celui de défenses antichar. C'était une source de revenus non négligeable pour les garagiste qui construisaient ces barrages devant leurs boutiques. Le panneau annonçant ces «top» était le plus souvent dissimulé par un arbre, une maison, ou gisait sur le bas-côté de la route. La technique la plus simple pour franchir ces barrages consistait à les contourner ou à rouler très lentement sur les traces laissées par les véhicules précédents. Après avoir failli casser sa Mazda à deux reprises, le Poulpe observa les conducteurs mexicains et les imita, au désespoir des mécanos qui suivaient ses manœuvres avec un intérêt non dissimulé. Il se paya le luxe de s'arrêter devant un ces ateliers pour demander son chemin. Un gamin en salopette, coiffé d'un chapeau de paille, guettait les victimes du top, assis sur une pile de pneus.

– C'est l'amortisseur, *señor*, prétendit-il, avant même qu'il ne lui ait adressé la parole.

– Tout fonctionne, pas de problème...

– Je connais les japonaises. Vous ne voulez pas que je jette un œil ?

– Juste un renseignement. Je cherche San Huilapan.

L'expression du gamin se modifia.

– Vous y êtes, *señor*. Que venez-vous donc faire dans un *pueblo* pourri comme le nôtre ?

– Je viens voir Raphael Balaguer.

– *El Gordito* ? Il est au travail. Vous le trouverez sur la route, un peu plus loin, au carrefour. Mais vous devriez quand même surveiller votre amortisseur...

– Je n'y manquerai pas.

Il traversa le village en roulant au pas. San Huilapan était misérable. Des enfants en guenilles jouaient dans la boue. Ils se précipitèrent vers la voiture du gringo en tendant la main. Pour atteindre la sortie du *pueblo*, il lui fallut franchir deux autres top. La technique n'avait plus de secret pour lui.

Bizarrement la route s'élargit ensuite et son revêtement s'améliora. Il se garda d'accélérer. Bien lui en prit car un quatrième top avait été disposé à la sortie d'un virage, de façon à piéger les automobilistes qui, par chance ou par habileté, avaient échappé aux trois premiers.

Il fut encore arrêté un peu plus loin, à l'entrée du carrefour, mais cette fois par un stop en bonne et due forme. Il pompa avec énergie sur la pédale de frein et parvint à immobiliser la Mazda. Un objet incongru vint obscurcir son pare-brise. Gabriel eut un mouvement de recul. Il constata qu'il s'agissait d'un animal dont les gros yeux le fixaient. Cet animal tenait quelque chose dans sa gueule mais ne bougeait pas d'un poil. Il lui fallut quelques secondes pour réaliser qu'il était mort. Un homme venait de le poser sur le capot.

Le Poulpe descendit de sa Mazda et se trouva en face de trois autres types qui tendaient vers lui des animaux empaillés.

– Vous voulez en acheter un, *señor* ? Ça n'est pas cher. Nous vous ferons un prix : cent dollars seulement pour le chien et cent cinquante pour le cochon…

Plusieurs dizaines d'animaux empaillés étaient alignés au bord de la route : des chiens, des cochons, et aussi de petits veaux. On leur avait placé des épis de maïs dans la gueule.

– Pourquoi, le maïs ? demanda le Poulpe, intrigué.

– En signe de prospérité, *señor*. Alors, vous prenez le cochon ?

La tête de Cheryl s'il lui rapportait un cadeau pareil ! Pourquoi ne pas en offrir un à Gérard ? Il le placerait derrière son comptoir. Ça lui attirerait des clients. Mais c'était tout de même encombrant. Il fallait l'emballer, passer la douane…

– Je vais réfléchir. Où puis-je trouver Raphael Balaguer ?

– Mais c'est moi, *señor* !

C'était le quatrième homme, celui qui avait posé le chien sur le capot. Il méritait son surnom de *gordito*(1). Un véritable petit tonneau, court sur pattes, avec de petits yeux porcins enfouis dans la graisse. Il ressemblait aux animaux qu'il vendait.

– Je voudrais vous parler. À propos de votre frère.

– Je n'ai rien à dire sur mon frère. Il est mort.

– Dommage…

(1) Petit gros.

– Pourquoi, dommage ?

Le Poulpe se dirigea vers les animaux empaillés, en prit un, l'examina.

– Je vous en aurais peut-être acheté un…

Les yeux du *Gordito* brillèrent.

– Si vous m'achetez le cochon, *señor*, on peut s'arranger…

10

El Gordito habitait une petite maison en briques, à l'entrée de San Huilapan. Il y régnait une odeur épouvantable. Balaguer invita le Poulpe à s'asseoir à une table couverte d'une toile cirée graisseuse. Dans la pièce voisine, séparée par un rideau en plastique, une femme et deux fillettes s'employaient à bourrer le ventre d'un chien d'ingrédients divers. Deux autres cadavres de chiens étaient suspendus à des crocs. Sur des étagères s'étalaient toutes sortes de flacons.

– Comment vous procurez-vous ces animaux ?

– Ce sont des chiens errants que nous ramassons dans la rue, *señor*. Nous faisons œuvre de salubrité publique. Ils sont affamés et pourraient devenir méchants. Ils ont meilleure mine une fois naturalisés, croyez-moi !

– Et les cochons ?

– Les cochons, nous les vendons un peu plus cher. Ils sont plus durs à trouver…

Gabriel déduisit de cette réponse que la famille Balaguer volait les animaux mais n'insista pas. *El Gordito* alla ouvrir un frigo rouillé sur lequel était collé un portrait du pape découpé dans un magazine. Il y prit deux Tecate qu'il décapsula et en tendit une à son visiteur. Il but une large rasade, s'essuya les lèvres avec sa manche de chemise et s'assit en face de son visiteur.

– Vous vouliez me parler de mon frère, *señor*. Il est mort. Je ne peux pas vous dire grand-chose de plus.

– On m'a dit à Mexico qu'il a reçu un mauvais coup.

– Il arrive tellement de choses à Mexico. Il aurait mieux fait de rester ici. C'est plus calme.

– Il avait ouvert un restaurant, dans le marché couvert de la place Garibaldi. Ça doit coûter cher.

– Il faut acheter le commerce, payer la patente, les flics, la marchandise... Tout ça pour gagner à peine de quoi payer le loyer.

– Comment avait-il trouvé l'argent ?

– Vous avez toujours l'intention d'acheter le cochon ?

– Si vous répondez à mes questions.

– Le cochon a augmenté. C'est deux cents dollars.

Le Poulpe aligna deux billets de cinquante dollars sur la toile cirée.

– Comment avait-il trouvé l'argent ?

– Il a fait un travail à l'étranger.

– Quel genre de travail ?

– Il ne me l'a jamais dit. Et je crois bien qu'il ne l'a jamais dit à sa femme non plus...

– Mais vous avez peut-être deviné ?

– Quand il est revenu, il était un peu bizarre et pas très bavard.

– Qui lui a commandé ce travail ?

– Des gens qu'il a rencontrés à Mexico. José allait à Mexico avec sa camionnette tous les deux mois pour vendre sa marchandise. Après, quand ses affaires avaient bien marché, il faisait un tour dans les bars, il allait voir des femmes. Il ne s'en vantait pas auprès de Consuela. C'est dans un de ces bars qu'il a rencontré ces types…

– Vous voulez dire un bordel, précisa le Poulpe.

– Si l'on veut… Ils étaient saouls et lui aussi. Il y avait un Nord-Américain et deux Chiliens. Ils étaient venus au Mexique pour participer à un stage avec des spécialistes de différents pays. C'étaient des militaires ou des policiers. Quand ils ont proposé à José de venir au Chili, il a cru qu'ils plaisantaient, mais ils lui ont donné mille dollars pour le voyage et mille dollars d'acompte. Et quand il est revenu, il avait un beau paquet de billets verts…

Le Poulpe fixa son regard dans celui d'*el Gordito*.

– Il ne vous a jamais dit ce qu'il avait fait pour le gagner ?

– Un jour qu'il avait bu, avant son départ pour l'ouverture de son restaurant, il m'a dit qu'il ne recommencerait pas, même pour le double. C'est tout. Je vous le jure sur la Vierge, *señor*.

– Et votre frère José, il était fort ? Je veux dire sur le plan technique, professionnel ?

Le visage de Balaguer s'éclaira.

– Il n'avait pas son pareil ! Tout le monde vous le dira. Nous autres, la famille Balaguer, nous sommes les meilleurs dans notre spécialité depuis des générations. On apprend le métier à nos enfants, vous comprenez ? Et José, c'était le plus doué. Qu'est-ce qu'il avait besoin d'aller à Mexico ouvrir un commerce ! Même des savants ont reconnu son talent. Je dois encore avoir une lettre d'un professeur d'université…

Il se leva, fouilla dans un tiroir et tendit au Poulpe une enveloppe postée à Mexico.

– Ce n'est pas la peine, je vous crois sur parole.

– Vous n'aurez pas de problème avec le cochon, *señor*, il vous durera toute la vie. Nous connaissons notre affaire.

Gabriel posa deux autres billets de cinquante dollars sur la table, prit le cochon et alla le ranger dans le coffre de la Mazda. Devant la maison des Balaguer une demi-douzaine d'enfants s'étaient rassemblés, sans doute attirés par la présence de la voiture du *gringo*.

– Allons, dégagez, *niños* ! cria *el Gordito*. Laissez mon client tranquille, sinon vous allez avoir mon pied au cul !

Le Poulpe monta dans sa voiture et démarra. Quand il eut quitté San Huilapan, après avoir franchi le dernier top, il respira un grand coup. Pourtant l'odeur d'éther et de pourriture ne le quittait pas, comme si elle imprégnait ses vêtements. Il décida de rentrer directement à Mexico et de prendre le premier avion pour Paris. Ses maux d'estomac le reprirent, peut-être déclenchés par ce qu'il avait vu dans la maison d'*el Gordito*. La nausée le submergea. Il rangea la Mazda sur le bas-côté de la route, descendit et vomit tripes et boyaux. Quand il reprit le volant, il constata qu'une Ford verte s'était arrêtée derrière lui, à quelques centaines de mètres. Il ne réussit pas à distinguer les visages des passagers.

Il se mit à surveiller le rétroviseur et constata que la Ford ne le lâchait pas. À l'entrée de Toluca, ville d'une certaine importance, la circulation devint plus intense, et il perdit la Ford de vue. Sur le tableau de bord, un voyant clignotait. Il n'avait plus une goutte d'essence. Cette voiture était un gouffre ! Quand il s'arrêta pour faire le plein, le pompiste lui signala que son pneu arrière gauche était à plat. La Mazda tenait si mal la route qu'il n'avait rien remarqué quand il avait crevé, sans doute en franchissant un top. Il abandonna la voiture au pompiste et alla se dégourdir les jambes en ville.

Des haut-parleurs distillaient des *rancheras*[1]. C'était jour de marché et de fête. Il y avait un monde fou sur la place principale de la ville. La pluie se mit soudain à tomber à verse. Le Poulpe se réfugia sous les arcades qui entouraient la place. Au sein de la foule qui se serrait pour s'abriter, il distingua un visage. Une face aux pommettes saillantes, au nez charnu et busqué. Quand l'homme réalisa que Gabriel l'observait, il lui tourna le dos, sans précipitation, mais d'un mouvement délibéré. Gabriel examina la photo trouvée dans les poches de Ralph Dillon – il l'avait conservée sur lui. La ressemblance était frappante. Pourtant il n'avait regardé cet homme ni assez longtemps ni d'assez près pour être certain qu'il s'agissait du

(1) Chansons paysannes.

même individu. Les Indiens ne manquaient pas dans cette région. Encore que le physique de ce personnage rappelait davantage celui des Indiens des Andes que celui des Mexicains.

Pour tenter de se rapprocher, le Poulpe bouscula une forte femme qui l'agonit d'injures. Deux jeunes gens, sans doute intéressés par ses dollars, volèrent à son secours. Quand il réussit, non sans mal, à leur fausser compagnie, l'Indien s'était fondu dans la foule. Il s'apprêtait à retourner chercher sa voiture quand il l'aperçut, à demi-dissimulé par un pilier. L'homme portait un blouson jaune vif orné du logo d'une marque de matériel de sport, qui le rendait facile à identifier.

Pour couper la place, Gabriel s'élança sous la pluie. Les pavés détrempés et couverts de détritus faillirent lui jouer un mauvais tour. Il glissa, perdit l'équilibre, se rattrapa in extremis. L'autre s'engagea dans une petite rue perpendiculaire à la place.

Le fuyard avait du souffle. Hors d'haleine et trempé de la tête aux pieds, le Poulpe se retrouva bientôt dans un quartier désert. L'Indien l'avait semé. Il pesta contre son manque d'entraînement et revint sur ses pas, furieux. Il constata bientôt qu'il s'était égaré. Pour s'orienter, il s'efforça de se diriger vers l'église qui dominait la place du marché et dont on apercevait la flèche par-dessus les toits. Il marchait le long des murs pour essayer de se protéger de la pluie. Soudain il discerna une présence, toute proche. Il continua à avancer, au même rythme, pour donner le change, et distingua une silhouette tapie dans une encoignure de porte. À sa grande surprise, il ne vit pas le blouson jaune.

Quand il parvint à sa hauteur, l'homme bondit. Gabriel s'était préparé. Il évita un coup et envoya son talon dans l'estomac de l'agresseur. Celui-ci se plia en deux et laissa échapper son poignard. Gabriel frappa à nouveau, du poing, à la hauteur du plexus. Cette fois, l'autre s'effondra. Le Poulpe le palpa, pour s'assurer qu'il ne portait pas d'autre arme. Ce faisant, il constata que le blouson avait été retourné. Jaune d'un côté, gris de l'autre. Cette vieille ruse lui arracha un sourire. Il traîna le type sous une porte cochère et l'assit sur une marche.

– Tu vois, *amigo*, je suis meilleur pour le baston que pour la course. Chacun son truc.

L'Indien semblait sonné. Il dévisageait le Poulpe d'un air hébété.

– Et si tu me disais pour qui tu travailles, on pourrait peut-être faire affaire tous les deux…

Il n'avait pas la naïveté de croire que l'autre allait lui répondre, mais ça ne coûtait rien de poser la question.

– Moi, tu vois, je n'ai pas pour habitude de torturer les gens pour les faire parler. Et je n'aime pas non plus les donner aux flics, mais si tu m'y obliges…

Il n'eut pas le temps de terminer sa phrase. Un objet métallique vint s'enfoncer douloureusement dans sa nuque.

– Mets les mains sur la tête, doucement…

Il s'exécuta. Une main experte glissa sur sa poitrine, autour de sa taille, entre ses jambes, descendit tâter ses chevilles.

– C'est bon, tu peux te retourner.

C'était l'homme qui avait abattu Dillon, dans la chambre d'hôtel. Un métis trapu d'une quarantaine d'années. L'eau dégoulinait sur son visage.

– Sous la pluie, dit le Poulpe, ce n'est pas un endroit très agréable pour causer.

– Rassure-toi, nous n'allons pas rester là. Tu vas venir avec nous, sans faire l'idiot.

– Et ma voiture ?

– Nous allons la prendre. Mais je vais conduire et tu monteras à l'arrière, à côté de Paco.

L'Indien ramassa son poignard, le fit disparaître et lui adressa une petite grimace. Ils marchèrent en silence jusqu'à la station service. Le Poulpe paya le pompiste et ne tenta rien. Le souvenir du cadavre de Ralph Dillon ne s'était pas effacé. Il supposa qu'un troisième homme était resté dans la Ford verte. Il en eut confirmation sur la route de Mexico. La Ford les suivait.

– Puisque vous n'avez pas l'intention de me descendre, *amigos*, vous pouvez sûrement me donner quelques explications.

– Tu les auras peut-être à Mexico, si tu te tiens tranquille jusque-là.

Ils ne lui adressèrent plus la parole et n'échangèrent, entre eux, que quelques mots, dans une langue gutturale inconnue de Gabriel. Peut-être du quechua ou de l'aymara.

Ils firent pourtant halte devant un kiosque pour acheter de la nourriture. Le dénommé Paco descendit. Il revint avec des bières et des *tortillas*. Le Poulpe accepta une bière mais refusa la *tortilla*. Paco mordit à belles dents dans la sienne et partagea l'autre avec le conducteur. Il ne semblait pas lui tenir rigueur des coups reçus et ne manifestait aucune agressivité. Ils s'arrêtèrent encore pour pisser, puis, dans un village, devant une *cantina*. Le métis y resta quelques minutes, sans doute pour téléphoner à ses patrons. À son retour, il semblait beaucoup plus détendu.

Ils atteignirent la banlieue de Mexico à la tombée de la nuit. Un long serpent lumineux s'étirait sur le paseo de la Réforma. À un carrefour, un monstrueux camion bardé de chromes brûla le feu et faillit les emboutir. Le métis évita la collision par une manœuvre qui trahissait une certaine expérience. Le Poulpe n'aurait pas été capable de réagir aussi habilement avec une voiture pareille.

– C'est un assassin ! hurla le métis. On devrait l'enfermer ! Les gens conduisent aussi mal, dans votre pays ?

– Ils sont un peu plus prudents.

Le chauffeur cracha par la fenêtre.

– C'est bien ce que je pensais. Le Mexique est un pays de merde. Les Chiliens conduisent mieux que ça.

Ils s'éloignèrent du centre pour s'enfoncer dans un quartier pavillonnaire.

– C'est encore loin ? s'inquiéta le Poulpe.

Le métis lui adressa un sourire et rangea la Mazda devant la grille d'une villa plongée dans l'obscurité. Il pila sec, au dernier moment. Comment s'y prenait-il pour freiner ainsi ?

Ils l'invitèrent à descendre. Gabriel se massa les reins et constata que ses maux d'estomac s'étaient dissipés. L'air lui sembla moins pollué que lors de son précédent passage à Mexico. Peut-être ce quartier résidentiel était-il relativement épargné…

Paco passa devant Gabriel et poussa la grille. Le métis resta derrière lui. Ils ne prenaient aucun risque. Ils traversèrent un jardinet, gravirent quelques marches qui conduisaient à un perron protégé par une véranda fêlée. Une voix grésilla dans un interphone et la porte chuinta. Ils traversèrent un couloir mal éclairé, puis des pièces vides et sales. La villa donnait l'impression d'être abandonnée.

À l'extrémité d'un second couloir, de la lumière filtrait sous une porte.

Le métis lui donna une petite tape sur l'épaule.

– Tu as fait peur à Paco quand tu lui as couru après, chuchota-t-il. Si tu ne l'avais pas poursuivi, il ne t'aurait pas attaqué. Tu as eu tort d'agir ainsi. Ça aurait pu se terminer mal.

– J'en tiendrai compte la prochaine fois.

Derrière la porte, on entendait de la musique. Du classique. Le Poulpe reconnut un concerto pour piano et orchestre de Mozart, sans réussir à l'identifier. Ils s'immobilisèrent tous les trois devant cette porte. Le métis frappa, délicatement, du dos de l'index. Ce geste surprit le Poulpe. La musique s'arrêta. Une voix faible, chevrotante, lui parvint.

– Entrez donc, monsieur Legouvreux, je vous attendais.

11

Une petite femme était assise dans un fauteuil à bascule, un plaid écossais sur les genoux. Une couronne de cheveux blancs entourait son crâne ridé. Sa peau avait une teinte cireuse. Pourtant une certaine chaleur émanait de cette fragile créature. Le Poulpe réalisa que c'était les yeux qui donnaient à ce visage cette expression bienveillante. Seuls les yeux vivaient. Les lèvres remuèrent, une main parcheminée fit un signe. Gabriel s'approcha. Sur un nouveau signe, les deux hommes qui l'avaient conduit ici quittèrent la pièce.

– Asseyez-vous, je vous en prie, monsieur Legouvreux. J'espère que vous n'avez pas été maltraité ?

– Non, pas du tout, ils ont été très aimables.

– Je préfère cela, voyez-vous, car je n'ai absolument aucun grief à votre encontre, bien au contraire.

Elle s'exprimait en français. Son accent était très léger.

L'endroit semblait avoir été meublé à la hâte, avec des objets hétéroclites et vieillots. Seuls une chaîne hi-fi et un téléviseur apportaient une touche de modernité.

La femme surprit son regard.

– Je me suis réfugiée ici provisoirement. Mais permettez-moi de me présenter. Je suis Isabelle Villagrande – oui, mes parents m'ont donné un prénom français.

Elle avait prononcé ces mots comme on le fait dans un salon. Elle attendit une réaction du Poulpe et parut déçue.

– Je suis la femme du sénateur Villagrande. Je vois que vous ne connaissez pas l'histoire du Chili…

– Je suis désolé, mais je dois vous avouer en effet que ce nom ne me dit rien.

– Le sénateur Villagrande a joué un certain rôle dans le gouvernement qui a précédé celui d'Allende. Il appartenait au parti démocrate chrétien…

Elle tendit la main pour prendre un petit cadre sur un guéridon.

– C'est lui, mon mari… Mais vous devez penser avoir affaire à une vieille gâteuse incapable de s'empêcher de radoter avant d'en venir au fait… Et vous n'avez sans doute pas mangé, avec ce voyage. Voulez-vous quelque chose ?

Il accepta un café. Elle appuya sur une sonnette et une femme apparut.

– Angelina, soyez gentille, faites-nous du café, commanda-t-elle en espagnol, puis elle reprit, en français. Voyez-vous, monsieur Legouvreux, toute ma famille a disparu. Aujourd'hui, je reste seule. Mon mari est mort de chagrin. J'ai aujourd'hui soixante-dix ans. J'en parais davantage, car tout cela m'a minée. Quand ce rustre a fait son coup d'État, je veux dire Pinochet, j'en avais cinquante, et mes enfants vingt-cinq.

Elle lui tendit une photo sur laquelle souriaient quatre personnes se tenant par l'épaule devant une maison blanche. Il était bien difficile en effet de faire le rapprochement entre la femme vigoureuse qui posait sur ce cliché et le vieillard recroquevillé dans son fauteuil.

– Mes enfants ont toujours été des rebelles. Ils se sont engagés dans un parti de la gauche chrétienne, puis dans un mouvement de guérilla. Des terroristes… Et il est arrivé ce qui devait arriver. Mon mari a tout tenté pour les sauver. Il a fait intervenir toutes ses relations. Mais un vent de folie soufflait sur le pays… Les militaires ne l'aimaient pas. Un colonel en particulier le détestait – aujourd'hui il porte les étoiles de général. Il le détestait parce qu'il avait eu des ennuis à cause de mon mari, sous le gouvernement Frey, le père de celui qui a été élu récemment. Des histoires de trafics, de fournisseurs, de pots-de-vin. Mon mari faisait partie d'une commission d'enquête. Il ne pouvait pas se venger directement sur lui, car il était trop connu. Alors il s'est cruellement vengé sur nos enfants. Un jour, dans une réception, il a pris mon mari à part et lui a dit : « Vous savez, *señor* Villagrande, ces sales petits terroristes marxistes nous traitent de *momios*[1], alors c'est bien simple, nous allons en faire des momies. » Mon mari a cru qu'il s'agissait d'une plaisanterie de mauvais goût, mais ce criminel a insisté : « Nous avons trouvé un homme qui sait très bien faire ça ». Ensuite, mes enfants ont disparu et nous n'avons réussi à avoir aucune information sur leur sort. Mon mari n'a plus rencontré cet officier. Et, comme je vous l'ai dit, il est mort de chagrin. Moi, j'ai survécu. Peut-être parce que les femmes sont plus résistantes. Et un jour, j'ai lu cette information, dans le journal… Comme vous, je suppose.

(1) Ce terme était employé par la gauche pour désigner les « bourgeois réactionnaires » sous Allende.

Le Poulpe inclina la tête.

– Alors, les paroles de ce colonel me sont revenues en mémoire. C'est très dur de remuer ces souvenirs. J'ai pris contact avec cet avocat, Montoya. C'est un homme avide d'argent. Je l'ai payé, très cher. Et j'ai obtenu la liste de tous ceux qui avaient participé à cette abomination. Un des hommes de main de la CNI, Merino, l'avait remise à cet avocat, dans l'espoir de se protéger. J'imagine que vous devinez la suite. Aujourd'hui, monsieur Legouvreux, je ne vis plus que pour venger ma famille.

– Vous avez engagé ces hommes ?

– Pas exactement. Ils faisaient partie de la famille, d'une certaine façon. Leurs parents avaient une dette envers mon mari. Nous possédions plusieurs propriétés. Mon mari était très généreux avec les gens qu'il employait. Il ne refusait jamais d'aider des personnes en difficulté. Cela faisait ricaner nos enfants, qui considéraient cette attitude comme paternaliste… Mais Leopoldo était très aimé. Je me suis donc adressé à ces hommes et je leur ai expliqué ce que j'attendais d'eux. Je les ai laissés libres de leur choix. Mais je leur ai aussi donné de l'argent, c'est vrai.

La bonne revint avec un plateau et servit le café.

– Pardonnez-moi, mais comment avez-vous appris mon existence ?

– Par Montoya, bien entendu. Il s'est renseigné. De vous à moi, vous n'êtes pas journaliste, monsieur Legouvreux.

– Lecouvreur… Non, je ne suis pas journaliste. J'enquête sur cette histoire pour le compte d'un homme d'affaires…

– Celui qui a acheté ces momies ?

Le Poulpe aurait préféré ne pas aborder ce détail sinistre. Il acquiesça.

– Et maintenant, qu'allez-vous lui dire ? Que cette chose épouvantable est vraie ?

– Je n'ai pas encore réfléchi à la question.

La vieille femme but une gorgée de café, Gabriel l'imita.

– J'ai une proposition à vous faire, monsieur Lecouvreur.

– Je vous écoute.

– Pour toutes sortes de raisons, je ne veux pas que cette affaire soit livrée en pâture à l'opinion. Vous imaginez l'horreur de ma situation : l'enquête, l'identification des corps... Je préfère donc que ma vengeance demeure secrète. Non par crainte, à mon âge, je ne crains plus rien. Mais ça ne me plaît pas de déballer ces horreurs. Et ce point de vue peut vous sembler ridicule dans ma situation, avec ce que je viens de faire, mais je sais que mon mari aurait été partisan de la réconciliation nationale. Il n'est pas nécessaire de mettre cette affreuse histoire sur la place publique... Je suis donc prête à vous verser sur-le-champ la somme que vous fixerez pour prix de votre silence.

– Vous auriez pu me faire abattre, ça vous aurait coûté moins cher.

– Vous êtes totalement étranger à cette affaire. Elle ne concerne que nous autres, Chiliens. Il n'y a aucune raison pour que je m'en prenne à vous. J'avais demandé à ces hommes de vous surveiller, pas de vous tuer. Mais ce sont des gens frustes qui vivent dans un univers de violence depuis plusieurs semaines, par ma faute. Ce n'est pas toujours facile de se faire comprendre d'eux.

– Je ne sais pas si je vais accepter votre argent...

– Songez que cette affaire risque de vous causer des ennuis, vous serez content d'avoir les moyens de vous défendre, de prendre un bon avocat...

– Et pourquoi cela ?

– Prenez le journal qui est posé sur la commode.

C'était un exemplaire récent du *Mercurio*. La photo de Ralph Dillon apparaissait en première page, sous ce titre :

UN AGENT DE LA CIA ASSASSINÉ DANS
UN HÔTEL DE SANTIAGO

et, en plus petit :

« Le suspect numéro un serait un aventurier français qui se fait passer pour journaliste ou homme d'affaires. »

– Je vais réfléchir, dit le Poulpe.

Il vida sa tasse de café, songeur.

– Ainsi, votre vengeance est accomplie, madame Villagrande...

– Pas tout à fait. Il reste ce général, qui a humilié si cruellement mon mari.

Il hocha la tête. Une onde de complicité passa entre eux. Une lueur s'alluma dans le regard de la vieille femme.

– Qu'en pensez-vous, monsieur Lecouvreur ?

– J'ai peut-être une suggestion à vous faire.

12

Le Poulpe réussit, non sans mal, à rejoindre le centre de Mexico au volant de sa Mazda. Il se retrouva à une heure du matin sur une immense place déserte dominée par un hideux blockhaus en forme de pain de sucre. Ne sachant où aller, il se dirigea, au hasard vers des enseignes lumineuses, sur sa gauche. Une sorte de drugstore était encore ouvert. Il acheta des quotidiens mexicains, chiliens et français, et alla s'attabler dans la salle de restaurant où régnait une joyeuse animation. Un groupe bien éméché fêtait un événement quelconque. Les femmes portaient des robes à paillettes et avaient des fleurs dans les cheveux, les hommes avaient tombé la veste et desserré la cravate. Ils braillaient des *rancheras* en brandissant leurs verres. Quand ils comprirent qu'il était étranger, ils tentèrent de l'attirer à leur table. Gabriel déclina poliment cette invitation.

La date des journaux mexicains lui apprit qu'on était samedi soir, ce qui expliquait sans doute cette agitation nocturne, et peut-être aussi la diminution du niveau de la pollution. Son estomac ne le faisait plus souffrir, tout juste quelques gargouillis de temps à autre. Il commanda néanmoins des choses très diététiques : *pescado a la parilla*, salade, pommes vapeur, en précisant *sin salsa*, ce qui surprit la serveuse car les Mexicains apprécient les plats très pimentés et baignant dans la sauce. Il demanda une bouteille d'eau minérale *sin gaz*, ce qui accentua la perplexité de la jeune femme, puis changea d'avis et la fit revenir pour réclamer une *oscura*.

Après avoir dégusté son poisson, qui semblait frais, chose curieuse dans une ville comme Mexico, il entama sa revue de presse. Le quotidien mexicain *la Nacion* n'accordait que trois lignes à l'assassinat de Ralph Dillon. En revanche, le meurtre de l'agent de la CIA faisait toujours la une du *Mercurio* chilien.

Ni *le Figaro* ni *le Monde* n'évoquaient l'affaire, mais c'étaient des exemplaires vieux de quatre jours. Le *Mercurio* signalait que le suspect français, dont le nom n'était pas mentionné, avait très probablement, selon la police, filé au Mexique. Les flics n'avaient pas, semblait-il, fait le rapprochement entre cette affaire et les assassinats de Merino et du capitaine Silvera, ou s'ils l'avaient fait, peut-être n'avaient-ils pas estimé utile de communiquer ces informations à la presse.

Le tout était de savoir si, au Mexique, un avis de recherche avait été lancé contre Gabriel Lecouvreur. Dans le doute, il estima qu'il ne pouvait pas prendre le risque de prendre une chambre d'hôtel. On lui demanderait inévitablement son passeport et, s'il était signalé, les flics n'auraient plus qu'à venir le cueillir au lit. Acheter un billet d'avion et franchir les contrôles de l'aéroport allaient lui poser des problèmes. Son faux visa, à lui seul, risquait de l'envoyer dans une prison mexicaine. D'après le peu qu'il savait des établissements pénitentiaires de ce pays, il préférait éviter cette situation. Quitte à rendre des comptes sur cette petite entorse à la loi, il valait mieux le faire à Paris.

Le poids de la fatigue s'abattit sur lui. Les cris et les chants des fêtards le soûlaient. Ses yeux se fermaient irrésistiblement. Il ne parvenait plus à lire. Les textes des quotidiens devenaient flous. Les mots espagnols les plus simples lui paraissaient incompréhensibles. Il ne se sentit pas le courage de se rendre immédiatement à l'aéroport.

Le drugstore vendait toutes sortes d'objets, de souvenirs pour touristes. Gabriel acheta un poncho bariolé, un bonnet de laine andin, un sombrero noir, des lunettes teintées imitation Ray-Ban et un sac de sport en nylon vert frappé du logo de Nike en lettres blanches. Il enfila le poncho par-dessus son blouson, enfonça le bonnet sur son crâne, inclina le siège de la Mazda et s'y installa pour la nuit.

Le petit jour le trouva vaseux. Il avait testé toutes les positions possibles sur son siège, sans réussir à en trouver une qui lui épargne les courbatures. Dans de telles situations, sa grande taille constituait un redoutable handicap. Il crut qu'il ne parviendrait jamais à se déplier. Toutefois, lorsqu'il fut debout, il constata que six heures de mauvais sommeil lui avaient tout de même rendu un peu de force. Il rangea ses achats de la veille dans le coffre, à côté du cochon, et retourna au drugstore pour prendre un café et faire un peu de toilette. La glace lui renvoya l'image d'un personnage aux traits creux dont une barbe de deux jours accentuaient la mauvaise mine. Il hésita un instant puis prit la décision de ne pas se raser.

Après avoir avalé deux cafés et une demi-douzaine de gâteaux secs, ses idées s'étaient un peu éclaircies. Son plan de Mexico en mains, il alla trouver un grand hidalgo qui semblait régner sur le personnel du drugstore.

– J'ai un colis encombrant que je voudrais faire parvenir en France.

Le gérant consulta plusieurs de ses subordonnés, puis lui donna l'adresse d'une messagerie américaine Mail Boxes et poussa l'obligeance jusqu'à lui tracer son itinéraire sur son plan. Il trouva assez facilement la galerie marchande où était installée cette boutique, dont les employés ne se permirent aucune observation lorsqu'il leur remit le cochon naturalisé. Tout juste échangèrent-ils entre eux un discret coup d'œil.

– Surtout, emballez-le bien !

– Ne craignez rien, *señor*, c'est notre spécialité...

Il jugea ensuite préférable d'abandonner la Mazda. Retourner chez Hertz revenait à prendre des risques inutiles et si, dans le flot de véhicules qui submergeait Mexico, il y avait peu de chance qu'on repère cette voiture, il n'en allait pas de même aux abords de l'aéroport.

Gabriel grimpa dans un taxi. Le chauffeur l'accueillit avec un sourire ironique. Mal rasé, vêtu du poncho, avec son bonnet indien sur la tête et son sombrero accroché dans le dos, il avait plus ou moins l'allure d'un routard vieillissant qui en serait resté au style baba cool de son adolescence. Il constata dans le hall de l'aéroport qu'il n'était pas le seul : plusieurs dizaines de voyageurs plus ou moins jeunes dormaient à même le sol, enfouis dans des sacs de couchage, enroulés dans leurs couvertures, en attendant leur avion. Il alla s'installer parmi eux, entre une petite blonde nattée couverte de bijoux fantaisie et un chevelu qui lisait un roman de Stephen King, dans une édition anglaise.

Il utilisa son sac comme coussin, pour épargner ses reins meurtris par la nuit passée dans la Mazda, et observa la situation.

Des flics armés de courts pistolets mitrailleurs patrouillaient par groupes de deux. Ceux-là ne semblaient pas dangereux : leur rôle était dissuasif, ils ne contrôlaient personne. En revanche, il repéra rapidement des équipes de civils qui opéraient par trois. Mêlés à la foule, ils examinaient attentivement les voyageurs. Un pickpocket malchanceux se fit arrêter sous son nez et trois individus furent contraints de suivre les policiers qui les conduisirent dans un lieu inconnu. Au bout d'une demi-heure, il parvint assez facilement à identifier les représentants de l'ordre, il en compta une vingtaine et constata avec inquiétude que le lieu était pratiquement quadrillé.

Le panneau des départs annonçait un avion pour Paris à midi. Le suivant partait à dix-huit heures. Le Poulpe se leva, passa la bride de son sac sur son épaule et se dirigea vers les guichets. Une très longue file s'étirait déjà devant l'enregistrement pour Paris, mais elle avançait relativement rapidement.

La file avançait, mais deux personnages restaient sur place…

C'étaient des types dans la trentaine, d'allure sportive, en costumes de toile légers, sans cravate. Ils n'avaient pas du tout la même allure que les policiers mexicains que Gabriel venait d'observer. Toutes sortes de détails les en distinguaient. Leurs vêtements, leurs chaussures, leur façon de se tenir. Pourtant aucun doute n'était permis : ils scrutaient la file sans relâche. L'un des deux hommes s'écarta de l'autre pour allumer une cigarette. Il fumait des Camel et utilisait un briquet Zippo de l'armée américaine...

Le Poulpe fit prudemment demi-tour. S'il n'était pas certain que la police mexicaine le recherchait, il ne faisait aucun doute que les collègues de Ralph Dillon mettaient tout en œuvre pour lui mettre la main dessus.

L'aéroport était un endroit malsain pour un individu dans sa situation, mais il n'existait pas cinquante façons de quitter le Mexique. Gabriel retourna se fondre parmi les routards qui, de toute évidence, n'intéressaient ni les flics mexicains ni les présumés agents de la CIA. Son attention fut alors attirée par un groupe compact de personnages en complet veston tirant des valises à roulettes.

Tous ces gens passèrent devant les routards avachis sur le sol au milieu de leurs sacs à dos sans leur accorder un regard. Ils s'exprimaient en français et se dirigeaient vers le buffet. Tous portaient le même badge tricolore. Le Poulpe distingua l'amateur de *muchachas* et les deux génies de l'informatique.

Il les rejoignit au bar.

– Alors, c'est le grand départ ?

– Monsieur Lecouvreur ! Je ne vous aurais pas reconnu dans cette tenue étrange. Je croyais que c'était seulement dans les mauvais romans que les agents secrets se déguisaient ainsi...

– Si vous croyez que ça m'amuse... J'ai plusieurs hommes de la CIA aux fesses. Vous prenez l'avion de midi ?

– Une partie de la délégation part à midi, l'autre à six heures.

– Puis-je vous demander encore un service ?

Le type changea de couleur.

– Eh bien… J'ai tout de même une famille.

– Rien de dangereux ni de compromettant, rassurez-vous. Juste de rapporter cet objet à Paris. Il ne faut pas que les Américains me trouvent avec ça.

Gabriel posa l'ordinateur de poche sur le comptoir.

– Et vous êtes sûr…

– Que vous ne risquez rien ? Absolument. Que voulez-vous qu'il vous arrive ?

– D'accord. Comment comptez-vous le récupérer ?

– Ça vous ennuie de me laisser vos coordonnées ?

– Vous pourrez me joindre au ministère.

L'homme lui remit sa carte. Il était directeur adjoint du Commerce extérieur.

– J'espère au moins, pour la peine, que vous m'inviterez à déjeuner à Paris pour me raconter tout ça en détails.

– Je n'y manquerai pas.

– Vous prenez l'avion de midi ?

– Je l'espère. Mais il vaut mieux qu'on ne nous voit pas trop longtemps ensemble.

C'était déjà une affaire de réglée.

Les routards s'extirpaient de leurs duvets en s'étirant, roulaient leurs couvertures, bouclaient leurs sacs. Quelques-uns se dirigèrent vers la file d'enregistrement, les autres vers le bar. Le Poulpe suivit les premiers, à bonne distance. Les deux Américains avaient disparu, mais leurs frères jumeaux les avaient remplacés…

Gabriel choisit un poste d'observation à l'abri derrière une autre file de voyageurs qui patientaient devant les guichets de la compagnie brésilienne Varig. Une partie des voyageurs pour Paris passait immédiatement dans la salle d'embarquement après avoir fait enregistrer leurs bagages, d'autres retournaient faire des achats dans les boutiques ou boire quelque chose. Gabriel emboîta le pas d'un couple. Lui était grand et maigre, la trentaine, elle petite et ronde. À en juger par leurs parkas élimées, leurs baskets et leurs sacs rafistolés, ils ne devaient pas être riches. Il les aborda quand il estima qu'ils se trouvaient à distance suffisante de la file surveillée par les deux Américains.

– Ça vous intéresse de vous faire un peu d'argent ?

– Si c'est une affaire de dope, tu peux passer ton chemin, mec, fit le gars.

Il avait un accent belge très prononcé.

– Écoute-le tout de même, dit la fille.

– Il n'est pas question de drogue. Je t'achète ton passeport et ton billet. Tu attends deux heures et tu déclares qu'on te l'a volé. Tu ne risques absolument rien, seulement de perdre un peu de temps.

– Je ne marche pas.

– Et ça rapporterait combien ? s'inquiéta la fille.

– Disons mille dollars ?

– Je ne marche pas, répéta le type.

– Quinze cents ?

– Je ne marche pas. Casse-toi.

– Pour deux mille, ça vaut peut-être le coup, plaida la fille.

– C'est à ton copain de décider. Mais je n'irai pas au-delà de deux mille.

– C'est louche. Je ne marche pas.

Le gars était buté. Sa compagne et lui commencèrent à se disputer, mais il ne voulut pas céder. Ils s'éloignèrent tous les deux en direction de l'embarquement, sans se retourner.

C'était raté. Gabriel repéra alors deux autres routards qui pénétraient dans les toilettes. L'un était gros et blond. Il ne faisait pas l'affaire, mais l'autre pouvait convenir. Il entra à leur suite, sans avoir décidé comment il allait s'y prendre. Une demi-douzaine de personnes attendaient devant les cabines. Impossible d'agir dans ces conditions. Ce n'était pas son jour de chance.

Midi arriva sans qu'il ait réussi à trouver une solution. Le guichet d'enregistrement pour Paris était maintenant fermé. Les Américains avaient disparu. Sans doute reviendraient-ils pour le départ de six heures. Le Poulpe alla s'asseoir sur son poncho au milieu des routards.

Le panneau lumineux annonçait des vols pour Londres, Amsterdam, Berlin. Pourquoi vouloir à tout prix rentrer directement à Paris ? Il sollicita successivement un Suisse, deux Allemands et un Hollandais, mais aucun n'accepta de lui céder son passeport, bien qu'il ait poussé la mise jusqu'à trois mille. Le Hollandais lui proposa de lui vendre l'adresse d'un faussaire péruvien installé à

Coyoacan, dans la banlieue de Mexico mais cette proposition sentait l'arnaque.

Il commençait à désespérer quand il aperçut deux autres porteurs de badges tricolores. Les deux membres de la délégation allèrent s'installer au buffet. À tout hasard il les suivit et prit place à la table voisine.

– Écoutez-moi bien, Norbert, disait l'un (qui semblait être le supérieur hiérarchique de l'autre), dès demain je rencontre le grand patron. Et je reviens immédiatement à Mexico si cela s'avère nécessaire. Alors ne ratez pas cette affaire ! Je compte sur vous. Je n'ignore pas que vous avez une vie de famille, je sais que cela ne vous amuse pas de rester trois jours de plus dans cette ville infecte…

– Mais non, mais non, protesta mollement Norbert.

– Mais si, mais si… Pour ma part, je n'arrive pas à m'habituer à cette atmosphère viciée, encore qu'aujourd'hui, ça va un peu mieux, vous ne trouvez pas ?

– Peut-être.

– Je ne me fais pas d'illusion : ils ne vont pas signer demain matin. Votre rôle est de préparer le terrain. Qui est miné, Norbert, miné, ne l'oubliez pas.

– Je ne l'oublie pas.

– S'il est question de bakchich, faites comprendre que vous n'êtes pas décisionnaire, mais ne fermez pas la porte à un arrangement. Surtout ne prenez pas l'initiative d'en proposer un directement, contentez-vous de laisser entendre…

– C'est bien ainsi que je l'avais compris.

– Quoi qu'il en soit, votre dévouement sera certainement pris en compte par le grand patron. J'ai l'intention de lui suggérer…

En raison de l'arrivée du serveur, la phrase suivante échappa au Poulpe. Ensuite, ils se mirent à parler technique. Ils évoquaient des modèles mystérieux désignés par des lettres et des chiffres, et traçaient des croix sur des documents dactylographiés.

Sur le coup de quatre heures, estimant sans doute en avoir fait assez pour prouver son dévouement, le Norbert s'éclipsa, apparemment soulagé de ne plus avoir son chef sur le dos. Ce soulagement semblait réciproque. Le chef rangea ses documents dans son attaché-case et se mit à feuilleter un exemplaire de *Penthouse*.

Le Poulpe examina attentivement l'homme absorbé dans la contemplation de chair offerte sur papier couché et estima qu'il convenait parfaitement. Il était grand, un peu plus âgé que lui, mais ça n'avait guère d'importance.

Cette fois la chance lui sourit jusqu'au bout. Après avoir éclusé deux bières, le délégué éprouva l'envie de pisser. C'était l'heure creuse. Les toilettes étaient vides. Le type ne vit pas venir le coup. Il s'écroula sur le carrelage, la braguette ouverte. Le Poulpe le traîna dans une cabine, le déshabilla. Le costume lui allait très bien. Seules les chaussures étaient trop petites. Il conserva donc les Américaines qu'il avait achetées à Santiago. Elles n'allaient pas du tout avec ce complet gris, mais il y avait peu de chance qu'on s'intéresse à ses pieds. La valise du délégué contenait un rasoir électrique. Après s'être rasé de près et avoir noué le nœud de sa cravate club, Gabriel se trouva impeccable. Il rajusta le badge tricolore, dont l'épingle s'était ouverte et se dirigea vers l'embarquement, la bandoulière du sac Nike sur l'épaule, l'attaché-case dans une main, traînant sa valise de l'autre.

Le nouveau système de plastification des photos sur les passeports rend sans doute difficile la fabrication de faux et la substitution de ces clichés d'identité, mais il ne facilite pas l'identification. Aucun système n'est parfait. Toujours est-il que le Poulpe réussit à franchir les divers obstacles qui le séparaient de la salle d'embarquement. Les deux Américains qui avaient relevé leurs collègues le dévisagèrent avec insistance, puis se désintéressèrent de lui après avoir considéré son badge. Quel assassin éprouverait l'idée saugrenue de parader avec un badge tricolore à la boutonnière dans un pays étranger ?

Une inconnue subsistait : d'autres membres de la délégation empruntaient-ils le même avion ? Il n'en avait pas remarqué dans la salle d'attente, mais ils pouvaient arriver au dernier instant. Quant au propriétaire du passeport et du billet, Gilbert Ducourtay, directeur commercial chez Lafargue-Systèmes Armements, il était solidement ficelé et bâillonné dans les W.-C., mais on risquait tout de même de le découvrir avant le décollage…

Le haut-parleur se mit à grésiller. Une voix suave annonça que le vol de la Virgin pour Paris aurait *un pocito de retraso*[1], sans autre précision. Une coulée de sueur froide parcourut l'échine du Poulpe.

C'était le pire qui pouvait lui arriver. D'autant qu'il était désormais complètement coincé dans la salle d'embarquement.

Son rythme cardiaque s'accéléra à nouveau lorsqu'il vit apparaître deux autres membres de la délégation, badges au revers. Il se précipita dans les toilettes, retira sa veste et sa cravate qu'il fourra dans son sac, enfila son blouson, et chaussa les fausses Ray-Ban. Il n'y avait plus que l'attaché-case qui pouvait attirer l'attention sur lui. Il le conserva cependant, de crainte que quelqu'un ne le découvre et ne parte à la recherche de son propriétaire, car il y avait aucun endroit sûr pour le cacher dans les W.-C.

L'attente lui sembla très longue. L'instant de l'embarquement arriva tout de même, agrémenté d'excuses de la voix suave pour ce *pocito retraso*.

Les places étaient réservées et numérotées et il y avait de fortes chances pour qu'il se retrouve à côté des deux autres membres de la délégation. Son numéro et sa lettre correspondaient à une place située à l'arrière de l'avion. Il avisa donc l'hôtesse, une jolie Anglaise aux yeux verts.

– Je ne supporte pas de voyager à l'arrière. Est-il possible de changer de place ?

Elle le considéra avec une expression où se mêlaient l'amusement et un certain dédain aristocratique.

(1) Un petit peu de retard.

– Vous êtes superstitieux, monsieur ?

– Exactement. Mon oncle est mort de cette façon dans un accident alors que 80 % des passagers ont été sauvés.

– Je vais voir ce que je peux faire. Attendez ici, je vous prie.

Il tourna la tête lorsque les deux délégués passèrent devant lui pour aller s'installer au fond, comme il le prévoyait. L'hôtesse revint et lui indiqua un fauteuil, au premier rang, près du hublot.

– Ça ira ?

– Je vous suis infiniment reconnaissant.

Il se pencha sur son hublot et eut la satisfaction de voir l'escalier roulant s'éloigner. Les réacteurs ronronnèrent. Il venait de boucler sa ceinture lorsqu'une Jeep de la police mexicaine déboucha sur la piste en faisant hurler sa sirène. L'avion prenait son élan. La Jeep le suivit sur quelques centaines de mètres puis abandonna la partie. Et bientôt Mexico ne fut plus qu'une immense plaque grise curieusement quadrillée de lignes plus sombres qui s'étendaient à perte de vue. Au-dessus de cette plaque flottaient plusieurs couches superposées de nuées crasseuses. L'avion creva ces couches l'une après l'autre et plongea soudain dans un ciel bleu azur où ne traînaient que quelques rares nuages d'une blancheur étincelante. Tout en dessous, on apercevait encore la surface de cette mer moutonneuse, qui à cette distance, paraissait noire. Puis elle disparut à son tour. Gabriel se désintéressa du spectacle, se pinça les narines, souffla pour se déboucher les oreilles et respira un grand coup, comme il l'avait fait après avoir quitté la maison d'*el Gordito*.

Il ouvrit la mallette de Gilbert Ducourtay et constata que le métier de son propriétaire consistait à vendre des missiles sol-sol et divers appareillages de détection électronique dont certains se distinguaient par le label Spécial Anti-Guérilla, souligné en lettres rouges. Il compulsa rêveusement ces documents, où étaient détaillées les capacités destructives des différents engins, de la même façon qu'un catalogue de frigos ou de chaînes Hi-fi donne au client la capacité en litres ou la puissance en watt, puis les remit à leur place lorsque l'hôtesse lui apporta son plateau repas.

La seule vue du dîner offert par la compagnie britannique suffit à le faire fantasmer sur la blanquette de veau et les moules farcies servies par Gérard au Pied de Porc. Il se força néanmoins à manger sa viande bouillie au pudding. Il lui fallait tout de même s'alimenter. Deux Pilsen lui permirent d'oublier ce menu détestable. Elles le contraignirent à se rendre aux toilettes. Au retour, il croisa l'un des délégués tricolores qui s'inquiétait auprès de l'hôtesse.

– Comment se fait-il que Gilbert Ducourtay ne soit pas à bord ?

– Aucun passager ne manque, monsieur. C'est impossible. Sinon nous n'aurions pas décollé sans avoir vérifié sa valise. À cause du terrorisme. Les consignes sont impératives.

– Alors soyez gentille, consultez votre liste. Vous avez bien une liste des passagers ?

– Je vais voir ce que je peux faire.

Ce devait être sa formule préférée. Si cette jeune personne était aussi efficace pour vérifier sa liste qu'elle l'avait été pour changer la place de Gabriel, celui-ci risquait d'avoir quelques ennuis à l'arrivée. Sans compter les Mexicains qui avaient sans doute appelé Paris…

Gabriel avait encore sept heures devant lui pour réfléchir au problème. Il était tout à fait inutile de s'affoler à l'avance. Il se carra profondément dans son fauteuil et ferma les yeux.

13

Le général Ernesto Andara était assis dans une chaise longue, au bord de sa piscine. Il faisait trop frais pour l'utiliser en cette saison, mais il aimait beaucoup s'installer ici. En vérité seules ses nièces plongeaient une tête dans cette piscine lorsque la famille de son frère venait lui rendre visite. Mais une villa avec piscine à Las Condes, ça vous classe un homme. Andara était particulièrement fier de ce symbole de sa réussite sociale car il était issu d'un milieu très modeste. Jadis cette belle maison blanche entourée de hauts murs avait appartenu à un notable socialiste, un de ces bourgeois de gauche hypocrite qui tenait en public des discours révolutionnaires mais, en privé, snobait les jeunes officiers sortis du rang, comme Ernesto Andara.

Mais cette époque était révolue. En hiver 73, le notable socialiste avait laissé ses partisans mener la lutte armée à sa place et s'était lâchement enfui en

Europe. À son retour, un compromis avait été trouvé et Andara avait pu conserver la villa.

Il adressa un signe à son épouse qui, ce soir-là, recevait d'autres femmes d'officiers pour son bridge hebdomadaire. C'était la dernière marotte de Paula Andara qui en avait bien d'autres, à commencer par singer les Nord-Américaines, en se faisant décolorer les cheveux par un coûteux coiffeur et en s'exprimant en anglais chaque fois qu'elle en avait l'occasion, comme si elle avait honte d'être née Chilienne ! Ces manies déplaisaient vivement au général qui, lui, était fier de sa nationalité.

Andara était de très bonne humeur car, la veille, les démocrates chrétiens au ventre mou avaient capitulé : l'amiral Contreras n'irait pas en prison, même dans une prison spéciale. Quoi, Contreras avait tout de même, comme lui, sauvé le pays ! Il ne manquerait plus qu'on le jette en prison comme un malpropre. Si le Président n'avait pas cédé, lui, Andara, était tout à fait prêt à chausser ses rangers, à prendre un pistolet-mitrailleur et à remettre ça.

Bon, cette affaire était réglée. Augusto Pinochet avait tapé du poing sur la table et les autres s'étaient aplatis comme d'habitude. D'ailleurs le généralissime avait fêté son soixante-dixième anniversaire en grande pompe, avec la bénédiction du Saint-Père. Une cérémonie magnifique, émouvante, digne des traditions de l'Armée nationale. Andara en avait encore les larmes aux yeux.

Il étouffa un bâillement, s'étira, se leva, marcha jusqu'aux baies vitrées du salon et constata que ces dames étaient déjà bien engagées dans leur tournoi, leurs petits verres de porto à portée de la main. Il enfila sa veste et passa dans le garage où la BMW décapotable de Paula côtoyait sa Pontiac et le break Volvo qui servait aux domestiques à faire les courses. Il délaissa la Pontiac, qui était trop voyante, et monta dans la Volvo.

À cette heure-ci, Santiago était presque désert, mais il était encore trop tôt. Andara commença par aller boire un verre dans un café brésilien de l'Ahumada, puis un second dans un bar de la rue San Antonio. Le barman le reconnut et le salua. Au travers de la vitrine, le général pouvait observer la rue. C'était tout près d'ici que Silvera s'était fait descendre. Sale histoire. Mais, dans un sens, ça n'était pas plus mal. Silvera ne parlerait plus. Le souvenir de ce meurtre fit néanmoins frissonner Andara qui, instinctivement vérifia la présence de son Colt. Cette arme ne le quittait jamais, et il savait s'en servir.

Il quitta le bar un peu éméché par deux *pisco*. Il demeurait fidèle à cette boisson nationale, contrairement à la plupart des officiers qui se soûlaient au whisky. Il monta dans son break, fit un petit détour par la calle Merced et revint se ranger derrière la Plaza de Armas, dans l'ombre de la cathédrale.

Des jeunes gens ne tardèrent pas à venir rôder autour de sa voiture. Une fille en minijupe argentée fit une grimace de dépit lorsqu'elle le reconnut.

– Toi, *el Flacito*[1], je sais que tu n'aimes pas les femmes.

(1) Le petit maigrichon.

Il faillit descendre lui flanquer une correction. Il n'aimait pas qu'on le nomme ainsi. Ça lui rappelait ses années de l'école militaire. Il était certes petit et mince, mais il était musclé. Il flanquait des raclées aux autres cadets qui l'insultaient.

Mais c'était vrai, il ne venait pas ici pour les femmes. Ses penchants pour les très jeunes garçons lui avaient valu quelques brefs déboires. Un an plus tôt les carabiniers l'avaient ramassé en compagnie d'un adolescent, dans une posture gênante. Mais ils l'avaient très vite relâché et fait disparaître son nom de leurs rapports après avoir téléphoné à leurs supérieurs. Ernesto Andara possédait des dossiers précis sur beaucoup de gens depuis l'époque de la *Cutufa*, la caisse noire des hiérarques de la dictature.

À ce moment-là, sa clique régnait sur des maisons de passe fréquentées par le beau linge de Las Condes, où l'on trouvait justement de mignons *niños* comme ceux qui, aujourd'hui, tapinaient la nuit sur la Plaza de Armas. Le général avait alors beaucoup plus de facilités pour satisfaire ses goûts discrètement.

Andara soupira, nostalgique. Ses yeux brillèrent quand il vit approcher un garçon d'une quinzaine d'années, gracieux comme une fille, avec ses grands yeux noirs et ses petites fesses rondes moulées dans son jean. C'était ainsi qu'il les aimait, un peu efféminés, pas trop. Celui-là, il le voyait pour la première fois. Un nouveau sans doute. Poussés par le désir de gains rapides et faciles, des adolescents descendaient ainsi chaque nuit des bidonvilles misérables de Conchali pour se vendre.

Andara fit signe au garçon de contourner la voiture et de monter à côté de lui. Le jeune homme lui lança une œillade puis obéit. Il se déplaçait en se déhanchant, volontairement provocant. Dès qu'il eut refermé la portière, Andara démarra, sans prononcer une parole.

Une Ford Falcon verte, tous feux éteints, prit la Volvo en filature. Les deux voitures s'éloignèrent de la Plaza de Armas et remontèrent jusqu'aux rives du Mapucho, qui étaient plongées dans l'obscurité. Andara dépassa le pont métallique construit par Gustave Eiffel et rangea sa Volvo dans un coin sombre. La Ford s'immobilisa à une centaine de mètres.

Andara coupa le contact et posa une main conquérante sur la cuisse maigre de son passager. Cette main remonta jusqu'à son sexe.

– Nous allons voir ce que tu as là-dedans, *muchacho*.

– Il faut payer d'abord, señor.

– Je ne paye pas avant d'avoir vu la marchandise. Mais rassure-toi. Tu seras payé. Je suis un homme droit.

– Je préfère être payé d'abord.

– D'accord, soupira Andara, qui retira sa main pour la glisser sous sa veste et prendre son portefeuille.

Le garçon empocha les pesos et vint se lover contre le général, avec des manières de chatte. Ses doigts glissèrent dans l'échancrure de chemise du général, jouèrent avec ses poils frisottants, puis, soudain, d'un mouvement brusque se refermèrent sur la crosse du Colt.

– Eh là, *hijo de maricón*[1] !

Andara saisit le poignet du garçon et se mit à rire. La lutte était inégale et elle l'excitait. Ce petit salaud voulait le dépouiller, il allait en prendre pour son grade.

Le garçon se contorsionna, lâcha l'arme, et soudain se jeta dans le fond de la voiture. La détonation retentit au même instant. Le général s'effondra sur le volant, la bouche grande ouverte, les yeux exorbités. D'un geste habile, le garçon s'empara du portefeuille, s'enfuit en courant et disparut dans l'obscurité.

L'homme qui avait tiré rangea son arme, saisit Andara par les cheveux, souleva sa tête, pour vérifier qu'il était mort, puis le traîna hors de la voiture. Un deuxième individu attendait. Sans prononcer une parole, ils traînèrent le cadavre et le chargèrent dans le coffre de la Ford qui s'était rapprochée jusqu'à toucher le pare-chocs arrière de la Volvo.

Ces opérations furent exécutées en moins d'une minute et ne leur demandèrent que peu d'efforts. Andara était très léger. Quoi qu'il en pensât de son vivant, il méritait son surnom de *flacito*.

14

Dès qu'il eut mis le pied sur la passerelle, le Poulpe comprit qu'il avait peu de chance de passer la prochaine nuit dans les bras de Cheryl. Il avait rêvé d'elle dans l'avion, et aussi de la vieille femme

(1) Fils de pédé.

qui ne vivait plus que pour assouvir sa vengeance, des deux tueurs qu'elle avait engagés, du *Gordito*, de Ralph Dillon. Tous ces personnages s'étaient mêlés dans les étranges scénarios produits par son subconscient dont il ne conservait que des bribes confuses alors que le souvenir du corps de Cheryl, de ses caresses, était si précis qu'il éprouvait la sensation de s'arracher à son étreinte.

Le comité d'accueil se composait de deux civils adossés à une Safrane noire rangée au pied de la passerelle. Cheveux courts, Ray-Ban, costumes gris, cravates sobres, Gabriel trouva qu'ils singeaient le look clean des hommes du FBI. Un troisième type du même genre attendant au volant de la voiture.

Ils se placèrent de chaque côté de la passerelle et convergèrent vers lui avec un parfait ensemble.

– Lecouvreur ? Vous voulez bien nous suivre. Sans scandale, s'il vous plaît.

Du scandale, à quoi bon ? Il inclina la tête et monta dans la Safrane qui démarra aussitôt.

– Vous pouvez peut-être m'expliquer...

– Vous allez avoir tout le temps de vous expliquer.

Ce n'était pas des bavards. Stricts, corrects mais fermes, froids, aussi impersonnels que leur bagnole et leurs costumes, parfaites images de la police d'un État moderne et démocratique... Gabriel renonça à engager le dialogue. Ils gravirent un escalier extérieur, qui donnait directement sur la piste, à l'écart des passages empruntés par les passagers, où ils croisèrent des flics de la police de l'air en uniforme. Par une porte entrebâillée, le Poulpe aperçut une demi-douzaine d'Asiatiques pauvrement vêtus, très certainement des clandestins en attente d'un prochain charter. Ils aboutirent dans un local exigu où attendait un personnage en blouse blanche qui, toujours sans prononcer une parole inutile, procéda à ce qu'on appelle une «fouille scientifique». Gabriel fut contraint de se déshabiller, de lever les bras, de se pencher, de tousser. On le laissa seul, à poil, assis sur un tabouret en plastique dans une pièce nue, tandis que le technicien examinait ses vêtements un par un, puis on revint le chercher pour le radiographier, au cas où il aurait utilisé son estomac et ses intestins comme planque.

– Pas de ça, les rayons X sont cancérigènes et ma religion me l'interdit.

– Ne faites pas le con, Lecouvreur !

Un nouveau personnage venait d'apparaître, ni neutre, ni clean. Jacques Vergeat appartenait à la génération précédente. Au bord de la retraite, il prenait des airs bonasses à la Gabin, avec sa pipe, ses poses et ses vannes. Il contempla la nudité du Poulpe avec un petit sourire.

– Vous savez que vous buvez trop de bière, Lecouvreur ? Vous commencez à prendre du gras-double...

– Vous avez encore une longueur d'avance sur moi.

– Et quelques piges en plus. Ça me fait tout de même plaisir de vous voir ici...

– Tout le plaisir est pour moi. Ça vous ennuierait de dire à vos gugusses qu'ils me rendent mes fringues. Il ne fait pas chaud chez vous.

Vergeat adressa un signe de tête à l'homme en blouse blanche qui alla chercher les vêtements de

Gabriel et les jeta, en vrac, à ses pieds. Sans agressivité particulière. Ce geste devait lui sembler naturel.

– Le petit personnel manque de classe de nos jours, fit le Poulpe.

– Un autre que vous aurait pris une baffe.

– Je ne saurais jamais comment vous remercier de ce traitement privilégié, Vergeat.

– En répondant clairement à toutes mes questions. Habillez-vous et suivez-moi.

Gabriel et l'homme de la DST se retrouvèrent de part et d'autre d'un petit bureau en plastique moulé sur lequel était posé un micro-ordinateur, dans une pièce exiguë aux murs blancs. Il n'y avait rien d'autre dans cette pièce.

– Pas de doute, vous avez le sens de l'accueil. C'est intime, chaleureux…

– Changez de ton, Lecouvreur, sinon nous allons, nous, changer de partition.

– La gégène ? Vous avez dû connaître ça dans votre jeunesse. Ça vous ferait jouir, hein ?

Vergeat ignora la provocation. Il prit le passeport du Poulpe et l'ouvrit à la page où avait été collé le vrai-faux visa mexicain.

– Faux, usage de faux, recel de documents administratifs volés, ça peut déjà aller chercher… disons dans les deux ou trois ans ferme, si le dossier est bétonné à l'instruction. Et vous savez, bétonner un dossier, ça me connaît. Pas besoin de gégène avec un type comme vous. Vous ne valez pas la peine qu'on se fatigue.

– Alors je me demande bien pourquoi je suis là…

– Vous ne devinez pas ?

– Je devrais ?

Vergeat se pencha, plongea la main dans une sacoche, en sortit le numéro du jour du *Figaro* qu'il déplia sur le bureau.

LA POLICE CHILIENNE SOUPÇONNE
UN FRANÇAIS DU MEURTRE
D'UN AGENT DE LA CIA

« Un aventurier français pourrait être mêlé à l'assassinat, dans un hôtel de Santiago du Chili, de Ralph Dillon, agent de la CIA. C'est en effet dans la chambre de ce dernier que le corps de M. Dillon a été retrouvé. Quant à ce mystérieux personnage, il aurait pris la fuite pour le Mexique, avec peut-être, selon la police chilienne, la complicité de réseaux terroristes... Selon des sources proches du Quai d'Orsay, le Département d'État serait intervenu auprès des autorités françaises pour que toute la lumière soit faite sur ce crime et toutes informations utiles sur ce ressortissant français soient communiquées aux services américains, chiliens et mexicains...

La mission de Ralph Dillon au Chili n'a pas été révélée, mais il semble que des documents importants lui aient été dérobés... »

– Vous réalisez, Lecouvreur ? Vous êtes à l'origine d'un incident diplomatique !

– Vous m'en voyez flatté.

– Pour le compte de qui avez-vous buté ce Yankee ?

– Je ne l'ai pas tué…

– Allons, allons ! On le trouve refroidi dans votre chambre. Vous filez au Mexique avec un faux visa, alors que vous pouvez tranquillement rentrer en France avec votre passeport. Ce n'est pas très cohérent. Il faudra trouver une explication crédible.

– Je serais tenté de vous dire que je ne répondrai plus qu'en présence de mon avocat…

Vergeat se renversa en arrière dans son siège, prit une mine réjouie, tripota sa pipe, sans l'allumer.

– Si vous voulez jouer à ce petit jeu-là, libre à vous, Lecouvreur. Mais on peut vous garder un certain temps ici avant de vous présenter au juge. Vous connaissez les dernières dispositions sur la répression du terrorisme et du trafic de drogue ?

– Qu'est-ce que j'ai à voir avec ça ?

– Je vais vous dire pour qui vous travaillez, moi !

– Si vous faites les demandes et les réponses…

– Imporsur, Benyamin, ça vous dit quelque chose ?

– Plus ou moins…

– On vous a vu avec lui, vous lui avez téléphoné trois fois. Inutile de nier.

– Et alors ?

– J'imagine qu'il vous a embauché pour faire le ménage. Dillon avait dû mettre le nez dans ses affaires.

– Je ne vois pas de quoi vous voulez parler…

– Benyamin, nous avons un dossier gros comme ça sur lui. (Il écarta les bras pour indiquer l'épaisseur du dossier en question.) Ce type est connu comme le loup blanc. Trafic d'antiquités, fraude fiscale, fraude douanière, sans compter quelques autres peccadilles que je n'ai plus en mémoire. Nous n'avons jamais réussi à le faire plonger pour un gros coup, mais j'ai la conviction que sa boîte sert de couverture : drogue, recyclage d'argent sale. Benyamin a, par le passé, rendu quelques services à la DGSE. Ils le couvrent plus ou moins, ce qui ne nous facilite pas le boulot. Alors, je vais vous dire comment je vois les choses, Lecouvreur. Benyamin s'est fait doubler au Chili sur un coup quelconque, un de ses concurrents l'a donné. Les Américains remontent la filière. Son réseau est grillé. Et il vous envoie là-bas pour éliminer tous ceux qui pourraient permettre de remonter jusqu'à lui. Classique.

– C'est grotesque ! Vous me voyez, tueur professionnel ?

– L'occasion fait le larron. Le tueur professionnel est un mythe. Mais il y a des tas de gens prêts à tuer pour un paquet de dollars…

– Quels dollars ? Il faudrait prouver tout ça.

– Nous le prouverons, Lecouvreur, nous le prouverons…

Un des trois hommes qui avait embarqué Gabriel à sa descente d'avion apparut alors. Il s'approcha de Vergeat, lui chuchota quelque chose à l'oreille et lui remit deux feuillets dactylographiés. Vergeat mit ses lunettes et les parcourut.

– J'ai bien l'impression que nos preuves arrivent. (Il agita le document.) C'est un fax de Santiago, Lecouvreur. Tout se tient. Entre parenthèses, le bonhomme qui a collé ce visa mexicain sur votre passeport est au trou. Ce sont des bons, au Chili ! Et vous ne m'aviez pas dit que vous aviez découvert un autre macchab. Le correspondant de Benyamin, comme par hasard...

– Je ne vous ai rien dit du tout. Mais vous aurez du mal à me mettre ça sur le dos. Ce type était mort depuis au moins un mois.

– Les Chiliens ne précisent pas ce détail. Nous verrons. (Le sourire de Vergeat s'épanouit.) Et nous avons plusieurs autres motifs d'inculpation : coups et blessures, vol de documents administratifs, usurpation d'identité... Cette fois, l'addition peut monter jusqu'à cinq ans. C'est long, cinq ans au trou, Lecouvreur... Bien, conclut Vergeat, avec un air satisfait. Mon garçon, nous allons te laisser réfléchir tranquillement, et nous reprendrons cette conversation dans vingt-quatre heures. D'ici là, nous aurons peut-être d'autres éléments pour faire avancer le débat...

– Je peux pas passer un coup de fil à mon avocat ?

– Négatif. Aucun contact avec qui que ce soit tant que nous ne nous serons pas mis d'accord tous les deux.

Ils l'enfermèrent dans une minuscule cellule blanche sans fenêtre, meublée d'un bas flanc métallique et d'un lavabo placé au-dessus d'une cuvette de W.-C. Un peu plus tard, un type qu'il n'avait pas encore vu lui apporta un sandwich. Le pain était rassis, le beurre rance et les rondelles de mortadelle transparentes. Gabriel eut une grimace de dégoût.

– Il n'y a rien d'autre au menu ?

– Vous avez de quoi payer ?

– Pas de problème.

– Si ça vous intéresse, je vous prends un plat à la cafétéria ?

Il commanda un steak frites et une bière. L'autre lui fit signer l'addition, qui avait été sérieusement gonflée au passage.

– Ça marche bien votre petit commerce ? demanda le Poulpe. Combien vous arrivez à gratter par mois ?

– Écoutez, mon vieux, si vous préférez les sandwichs, c'est votre problème…

Il jugea inutile d'insister. Après son repas, il s'allongea sur le bas flanc et s'enroula dans une couverture miteuse qui empestait l'eau de Javel.

Il réussit à dormir un peu, fut réveillé une première fois par des éclats de voix, puis par de la musique provenant de pièces voisines. Faute d'éclairage naturel, il commençait à perdre la notion du temps. Quand on revint le chercher pour le conduire dans le bureau de Vergeat, il aurait été incapable de dire s'il était arrivé la veille ou seulement quelques heures plus tôt.

Vergeat avait changé de chemise et de cravate.

Gabriel en déduisit qu'il avait au moins passé une nuit ici.

– Résumons-nous, fit l'homme des RG. Il n'y a pas d'accord d'extradition entre le Chili et la France. Pour Dillon, vous avez une chance de vous en tirer. (Il agita son index à la façon d'un maître d'école.) Mais ses copains risquent de ne pas vous oublier. Chez nous, si on descend un collègue, c'est toute la maison qui se mobilise. Chez eux, c'est pareil. Mais, ça, ce sont vos oignons, mon vieux. Pour le reste, ça peut vous coûter cinq ans, comme je vous l'ai dit hier. Vous avez un peu réfléchi ?

– Les conditions ne sont pas idéales pour réfléchir…

– J'ai une proposition à vous faire.

– Je vous écoute.

– Je peux vous sauver la mise, mais à deux conditions. Primo (il énuméra, sur ses doigts), vous nous aidez à faire tomber Benyamin…

Gabriel secoua la tête.

– Ce n'est pas à mon âge que je vais devenir une balance.

– Si vous préférez passer trois ou quatre ans en cabane…

– Quelle était votre seconde condition ?

– Nous raconter tout ce que vous savez sur cette histoire. Ce que Dillon faisait dans votre chambre, pourquoi Benyamin vous a envoyé là-bas. Nous avons fouillé toutes vos affaires, et nous savons le faire. Je dois reconnaître que vous êtes fort : rien, pas un gramme de coke. Alors qu'avez-vous été faire là-bas, Lecouvreur ?

– Une mission d'expertise archéologique…

– S'il vous plaît, ne vous vous foutez pas de moi, ou je vous garde huit jours ici, au pain sec, avant de vous envoyer devant le juge.

– À propos de pain sec, vous avez un petit copain qui ne s'ennuie pas. Je ne suis pas sûr qu'il déclare au fisc tout ce qu'il se fait sur la nourriture des détenus.

– Envoyez une lettre à l'IGS, Lecouvreur. C'est

la police de l'air qui vous surveille ici, pas mon service, ça n'est pas mon affaire. Mais ne noyez pas le poisson. Vous êtes prêt à vous conduire intelligemment, ou vous préférez jouer au dur et aller au trou ?

– Je ne marche pas dans votre affaire, Vergeat. Je ne balancerai personne. Même pas le type qui se fait du beurre sur la bouffe. Mais j'ai un autre deal à vous proposer.

– Je suis ouvert à toutes les propositions, si elles me semblent intéressantes.

– Je n'ai pas tué cet Américain, ni personne d'autre, et j'ignore qui l'a fait, je vous en donne ma parole. J'ignore tout des magouilles de Benyamin, si magouilles il y a. Il m'a envoyé là-bas pour m'informer sur une affaire d'antiquités qui ne vous intéressera pas du tout. Les seuls actes illégaux que j'ai commis, c'est le visa mexicain, le passeport et le billet d'avion que j'ai empruntés à monsieur Ducourtay – je suis prêt à m'en expliquer avec lui…

– Gardez votre salive pour la correctionnelle, Lecouvreur. J'attends vos propositions.

– Je n'ai pas tué l'Américain, mais, j'ai, par hasard, récupéré des documents qui lui appartiennent.

– Par hasard, voyez-vous ça !

Vergeat accompagna ce commentaire d'un ricanement venu du fond de la gorge que Gabriel affecta d'ignorer.

– J'ignore leur valeur exacte, mais ils peuvent peut-être vous intéresser. Et s'ils ne vous intéressent pas, vous, je peux essayer de les fourguer à la DGSE ou à un autre service.

Vergeat se pencha vers lui, l'air mauvais.

– Nous n'avons rien trouvé dans vos affaires. Vous auriez fait la connerie de les laisser au Mexique ? Vous croyez que les copains de Ralph Dillon ne vont pas les trouver ?

– Je les ai mis en lieu sûr. Mais inutile de vous fatiguer, c'est donnant donnant. Pour me faire parler, il faudra employer les grands moyens, mais je vous préviens que ça vous coûtera cher. Je connais tout de même quelques journalistes. Pour vous, ça sera la retraite anticipée, Vergeat. Et ça risque aussi de vous arriver si vous laissez filer ces documents...

– Quand je les aurai entre les mains, je verrai ce que je peux faire pour vous. Pas avant.

– Vous rigolez ! Si vous voulez les documents, il me faut des garanties.

– Sous quelle forme ?

Gabriel avait eu tout le temps de réfléchir à la question.

– Une lettre contresignée de votre chef de service, stipulant que j'ai agi selon vos consignes. Ou au moins qui laisse entendre qu'une mission m'a été confiée. Je suis sûr que vous saurez la rédiger de façon suffisamment ambiguë pour ne pas trop vous mouiller. Je m'engage à ne jamais l'utiliser si vous enterrez cette affaire. Sinon, je pourrai toujours invoquer le secret défense... Cette lettre doit parvenir à mon avocat en bonne et due forme. Je vais vous communiquer ses coordonnées.

– Vous êtes sacrément gonflé, Lecouvreur. De toute manière, ce n'est pas une décision que je peux prendre seul. Il faut que j'en réfère. Mais si le coup des documents est bidon, je vous préviens que je vous retrouverai !

– Je ne peux pas vous garantir l'intérêt de leur contenu, mais ils existent : ils sont stockés sur un ordinateur de poche. Il y a au moins une liste d'agents en Amérique latine.

– Admettons que nous acceptions cette proposition. Nous pouvons vous couvrir pour l'histoire du visa, calmer les Américains et les Chiliens. Mais comment espérerez-vous vous en tirer avec le type que vous avez agressé et dépouillé dans les chiottes de l'aéroport de Mexico ? Vous pensez bien qu'il va porter plainte. C'est tout de même un bonhomme qui pèse assez lourd. À partir du moment où il y a constitution de partie civile, l'affaire suit son cours et nous ne pouvons plus grand-chose pour vous…

– Je réglerai ça avec lui…

Vergeat se mit à tripoter pensivement sa pipe, signe chez lui d'intense réflexion. Il devait être partagé entre le désir de faire plonger le Poulpe et la crainte d'encourir les foudres de ses supérieurs pour avoir manqué une affaire. Cruel dilemme. Son côté fonctionnaire discipliné prit sans doute le dessus car il sortit pour aller téléphoner dans une autre pièce.

Profitant de sa solitude, le Poulpe se leva, jeta un œil sur le bureau, qui était vide, puis ouvrit la serviette que Vergeat avait abandonnée au pied de son fauteuil. À la déception de Gabriel, elle ne contenait que des journaux et un paquet d'Amsterdamer. *Le Monde* et *le Figaro* n'accordaient plus que quelques lignes à l'assassinat de Ralph Dillon. Il trouva toutefois une brève de l'AFP qui annonçait :

« Un général chilien enlevé à Santiago.

Le général Ernesto Andara a été enlevé hier soir à Santiago par des inconnus. On craint pour sa vie car du sang maculait les sièges de sa voiture abandonnée au bord du rio Mapucho. On ignore les motifs de la présence de l'officier à cet endroit à cette heure tardive. Ernesto Andara compte parmi les officiers accusés de crimes contre l'humanité par les associations et familles de victimes de la dictature. Il faisait partie de l'entourage du général Pinochet, toujours commandant en chef des forces armées chiliennes. Aucune organisation n'a pour le moment revendiqué cet enlèvement. »

Gabriel replia le journal au retour de Vergeat.

– Ça marche, vous aurez votre lettre. Foutez-moi le camp d'ici avant que je change d'avis.

Puis il remarqua les journaux.

– Ne vous gênez pas, Lecouvreur. Fouillez dans mes affaires ! Vous me croyez assez con pour laisser traîner des choses importantes à la portée de vos sales pattes ?

– Je suis certain du contraire, et c'est pourquoi je me suis permis…

Cette fois, Vergeat ne parvint pas à dissimuler sa hargne sous ses airs doucereux. Ce type était un aigri.

– Foutez-moi le camp ! hurla-t-il.

Cette perte de contrôle apporta une petite satisfaction à Gabriel. Il quitta les locaux de la police de l'air de Roissy en sifflotant, son sac sur l'épaule.

Son premier réflexe fut d'aller boire une bière à la cafétéria, le second de téléphoner à Cheryl pour lui annoncer son arrivée.

– Je suis mort. Je crois que je vais me jeter au lit. Mais si tu fermais ton salon cet après-midi, tu pourrais m'y tenir compagnie et je crois que je retrouverai assez de forces pour réaliser une partie du programme que je t'ai proposé la dernière fois…

– Une partie seulement ?

– C'est déjà pas mal.

– Je ne peux pas me permettre de fermer en ce moment. Les affaires ne vont pas fort. J'attendrai ce soir. Tu seras en pleine forme après avoir dormi et je profiterai du programme complet.

Après une seconde bière, il retourna dans la cabine téléphonique et composa le numéro de Lafargue-Systèmes Armements.

– Ducourtay ?

Voix sèche de manager qui n'a pas de temps à consacrer à un inconnu :

– Qui est à l'appareil ?

– Gabriel Lecouvreur.

– Lecouvreur… (Petit silence.) Qui vous a communiqué le numéro de ma ligne directe ?

– Je l'ai trouvé sur la carte que j'ai prise dans votre portefeuille, monsieur Ducourtay.

– Ah, c'est donc vous ! Vous avez un sacré culot, Lecouvreur !

– N'est-ce pas ? Je tenais tout de même à vous présenter mes excuses et je souhaiterais vous rencontrer le plus vite possible.

– Vous vous foutez de moi ?

– Pas du tout. Il y a de fortes chances qu'on vous ait mis sur écoutes et ce que j'ai à vous dire est strictement confidentiel. Cela concerne votre voyage au Mexique, vos projets, dont j'ai pris connaissance tout à fait par hasard et sans aucune intention de vous nuire, croyez-le bien...

15

Quand ses chaussures américaines neuves achetées à Santiago foulèrent l'épaisse moquette du hall d'accueil du siège parisien de Lafargue-Systèmes, le Poulpe n'avait pas tout à fait récupéré, mais il se sentait tout de même beaucoup mieux que la veille après une nuit partagée avec Cheryl. Il constata avec amusement que ses semelles crantées et humides (il pleuvait) laissaient des traces bien nettes sur cette moquette bleu roi que rehaussaient des losanges rouges encadrant le sigle LSA inscrit en lettres dorées. Un agent de sécurité en blazer bleu marine lui demanda une pièce d'identité, vérifia son rendez-vous par téléphone et lui remit un badge qu'il épingla sur son revers, puis une secrétaire en tailleur de tweed l'escorta jusqu'au bureau de Ducourtay. Les dimensions de cette pièce étaient décevantes et son mobilier plus modeste que ne l'avait imaginé le Poulpe.

Ducourtay resta assis derrière son bureau, il considéra son visiteur avec circonspection puis consentit à lui adresser un sourire crispé.

– Se trouver ainsi en face de son agresseur est une expérience originale…

– Je vois que vous avez le sens de l'humour.

– Je crois en effet avoir le sens de l'humour, mais pas au point de tolérer une chose pareille. J'accepte d'écouter vos explications. Mais sachez que j'ai chargé mon conseil de déposer une plainte avec constitution de partie civile en bonne et due forme.

– Je tiens à vous renouveler mes excuses. C'était un cas de force majeure. Pour les besoins de ma mission…

Le Poulpe lui tendit la lettre du supérieur de Vergeat.

– Vous pourrez la faire authentifier sans difficulté.

Ducourtay chaussa ses lunettes et la parcourut.

– Cette lettre n'est pas très claire et elle ne vous autorise pas à agresser des citoyens français et à les voler !

– Je me mets tout à fait à votre place, monsieur Ducourtay. Je crois cependant que ni mon service ni votre entreprise n'ont intérêt à ce que cette affaire soit déballée en public. D'une part, (il eut du mal à se retenir de rire), je fais appel à votre patriotisme…

Ducourtay leva les bras au ciel.

– Le patriotisme a bon dos !

– Dans la compétition qui nous oppose à des concurrents redoutables, notre service joue une partition importante. Nous travaillons pour le pays et ses entreprises, dont la vôtre, fit le Poulpe sur un ton solennel.

– Il me semble que Lafargue-Systèmes n'a aucune leçon de patriotisme à recevoir. Savez-vous combien nous rapportons de devises au pays ?

– Justement. J'allais y venir. J'ai cru comprendre que vous êtes à la veille de conclure un contrat très important…

– Vous êtes bien informé. Mais c'est loin d'être fait.

– Une fausse manœuvre, des informations divulguées prématurément risqueraient en effet de compromettre votre affaire.

Ducourtay se dressa et se pencha vers Gabriel en prenant appui des deux bras sur son bureau, avec l'expression décidée du chef d'entreprise intraitable.

– Alors c'est du chantage ?

– Exactement. C'est le mot juste. J'espérais pouvoir compter sur votre sens du devoir national, mais je vois que je me suis trompé. Je le regrette, croyez-le bien. Mais figurez-vous, cher monsieur, que nous avons, nous, dans notre maison un sens civique beaucoup trop développé pour prendre le risque de faire échouer une opération qui, comme vous venez de le dire est susceptible de rapporter de précieuses devises au pays…

– Je ne vous comprends plus très bien…

– Ce n'est donc pas à l'encontre de Lafargue-Systèmes Armements que nous nous livrerons à ce chantage, mais de Gilbert Ducourtay, le directeur adjoint du service export. Somme toute, un homme parmi d'autres, remplaçable comme nous le sommes tous…

Le Poulpe n'était pas mécontent de cette tirade. Il prit son temps, ménagea ses effets.

– Or il se trouve que Gilbert Ducourtay a une famille, une épouse, des enfants que ses frasques mexicaines pourraient troubler. Sans compter très probablement d'autres manquements que nous n'aurons aucun mal à mettre à jour si nous confions à des professionnels à temps complet le soin d'éplucher votre vie privée…

Il avait frappé au hasard, mais juste. Ducourtay blêmit.

– Vous êtes odieux !

– N'est-ce pas ?

Ducourtay alluma une cigarette, se mit à marcher de long en large, puis revint s'asseoir derrière son bureau.

– Vos menaces ne m'atteignent pas, Lecouvreur, sachez-le bien. Ma vie privée est limpide. Toutefois, je ne peux pas être totalement insensible aux aspects…

Il frappa de l'index la lettre posée sur son bureau.

– Quand il est question de l'intérêt national, nous répondons présent. En conséquence, je retirerai cette plainte…

– Ça me ferait plaisir de conserver une trace écrite de cette louable intention, et peut-être pouvez-vous en informer votre conseil ?

Ducourtay soupira et fit venir sa secrétaire.

Malgré l'antipathie que lui inspirait le sous-directeur de Lafargue-Systèmes, le Poulpe jugea inutile de l'humilier davantage. Il lui laissa l'illusion de capituler avec élégance. Au sortir de l'ascenseur, il constata que ses semelles étaient sèches et ne laissaient plus de traces sur la moquette.

16

– Le nom de votre café, c'est à cause de ça ?

Gérard dévisagea l'intrus, par-dessus son comptoir.

– Vous êtes nouveau dans le quartier, vous ?

– J'ai emménagé la semaine dernière...

– Alors sachez, cher monsieur, que cet établissement s'appelait Au Pied de Porc à la Sainte-Scolasse bien avant l'arrivée de cet objet.

– Tout de même, c'est impressionnant. Vous permettez que je le regarde de près...

Le client fit le tour du comptoir, tâta l'animal et revint devant le zinc. Depuis le retour de Gabriel Lecouvreur, le cochon empaillé était l'attraction du quartier. Un véritable défilé. Gérard ne s'en plaignait pas. Ça remplissait le tiroir-caisse. Il épatait la galerie avec de doctes explications : l'épi de maïs, symbole de prospérité ? Seuls les vieux habitués de la maison souffraient de cette invasion.

– Ne vous affolez pas, c'est comme tout, ça va se tasser. C'est un succès de curiosité, rien de plus, comme les films X à leur début...

– J'en connais qui en regardent toujours, ricana le client, sans préciser s'il s'agissait d'un aveu ou d'une accusation.

Son verre à la main il se dirigea vers une table du fond où Gabriel Lecouvreur sauçait son assiette après avoir dégusté un pied en gelée à la sauce brune (cognac et pruneaux) – ça c'était autre chose que les *tacos* et les *tortillas*, même si un tel plat ne vous arrangeait pas l'estomac.

– Dites voir, monsieur Lecouvreur, c'est vous qui avez rapporté ça du Mexique, d'après ce qu'on raconte. Ils ne vous ont pas fait d'ennuis, à la douane ?

Le Poulpe cligna de l'œil.

– Pas de problème, j'ai son certificat de vaccination. Mais ils m'ont quand même fait payer une taxe.

– Dame, il n'y a pas de petits profits pour l'État.

– Ils ne savaient pas dans quelle catégorie le classer. Ils hésitaient entre animal de compagnie et objet d'art.

– Pauvre bête !

Pour faire bonne mesure, Gabriel servit une anecdote épouvantable (et imaginaire) sur les techniques de travail de la famille Balaguer. Ce récit souleva le cœur de deux clients de passage qui repoussèrent leurs plats et demandèrent l'addition. Gérard le rappela à l'ordre.

– Si tu fais fuir ma clientèle, je vais t'envoyer à la plonge.

Un autre client, excité par ce récit, voulut à son tour tâter le cochon mexicain.

– C'est ma foi vrai que c'est drôlement bien fait. C'est doux au toucher. Comme une femme, dit-il en connaisseur.

Ce commentaire saugrenu souleva l'hilarité générale et quelques plaisanteries paillardes.

– Tu devrais t'en faire empailler une sur mesure.

– C'est plus nature qu'une poupée gonflable.

Le type n'eut cure de ces vannes. Il poursuivit son inspection.

– Tiens, on dirait une couture…

– Je ne l'avais pas vue, dit Gérard, qui vérifia d'une main, dans son dos, tout en servant un calva – l'usage intensif du percolateur l'avait rompu à ce genre d'acrobatie.

– C'est ma foi vrai, il a une petite couture, sous le bide. Tu n'avais pas remarqué, Gabriel ?

Le Poulpe lui glissa quelques mots à l'oreille. C'était par cet orifice qu'il avait introduit les dollars généreusement offerts par Isabelle Villagrande. Une chance que les douaniers n'aient pas pris l'initiative d'éventrer le cochon. Sans doute avait-on passé l'animal sous un détecteur quelconque à l'aéroport, pour s'assurer qu'il ne contenait pas d'engin explosif, mais les dollars étaient toujours à leur place lorsque le colis avait été livré par Mail Boxes…

Le plombier, qui jusqu'alors sirotait son digestif en silence et semblait somnoler sur le comptoir, sortit brusquement de sa léthargie.

– Vous me faites drôlement rigoler avec votre cochon empaillé !

– Naturalisé, corrigea Gérard. Emploie les mots corrects. Ne dis pas de mal de mon cochon.

– D'accord, naturalisé. N'empêche que vous me faites quand même marrer.

– Et pourquoi ça ?

– Regardez donc ce que je viens de lire dans le journal !

Le canard circula de mains en mains, pour s'arrêter entre celles de Gabriel, qui lut l'article à haute voix.

– « *Le corps du général chilien Ernesto Andara, enlevé la semaine dernière par des inconnus, a été retrouvé dans le coffre d'une camionnette, dans le quartier de Conchali. Ce qui intrigue le plus les enquêteurs, outre l'identité des assassins, qui n'ont toujours pas revendiqué leur acte, c'est l'état du cadavre. Selon certaines informations, le corps de la victime aurait subi le traitement qu'on destine habituellement aux animaux qu'on désire conserver après leur mort dans l'état le plus proche de leur vie naturelle : il aurait été naturalisé dans les règles de l'art...* »

Chacun se mit à commenter la chose. Diverses propositions furent avancées sur l'usage qu'il convenait de faire de feu *el Flacito*.

– Ils n'ont qu'à l'exposer au musée de l'armée, rigola un quidam connu pour ses opinions antimilitaristes. Au moins, un général empaillé, ça ne peut pas faire de mal !

Gabriel replia le journal et le jeta sur le zinc.

– Tu as raison, c'est n'importe quoi. Les journalistes ne savent plus quoi inventer.

Un petit homme blond, soigneusement cravaté, qui suivait jusqu'alors le débat sans intervenir, s'approcha du Poulpe.

– Vous permettez ? Je peux vous offrir un café ?

Il s'assit en face de Gabriel, relut l'article.

– Curieuse, cette histoire. Ça ne vous tenterait pas de retourner là-bas pour l'éclaircir ?

– Vous seriez prêt à payer le voyage ?

– Pourquoi pas ?

– Et peut-on savoir à quel titre elle vous intéresse ?

L'homme sortit une carte de son portefeuille et la tendit au Poulpe.

Étienne Beaumanoir
Taxidermiste diplômé

Note de l'auteur

Cette sinistre histoire de momies n'est hélas pas aussi loufoque qu'elle peut en donner l'impression au lecteur. En novembre 1990, le quotidien chilien *Fortin Mapocho*[1] publiait les déclarations de l'avocat d'un inculpé dans une affaire de règlements de comptes liée à la *Cutufa*[2]. Celui-ci affirmait que des militaires chiliens avaient vendu à des archéologues européens de fausses momies fabriquées à partir des cadavres d'opposants politiques torturés et assassinés. Cette information ne fut jamais démentie. L'auteur de ce livre en fit état dans divers reportages et articles sur le Chili[3], mais ces informations ne rencontrèrent guère d'écho.

Cette affaire n'a rien d'un détail anecdotique dans la mesure où elle est tout à fait significative des atrocités perpétrées par les agents de la dictature chilienne, toujours impunis et toujours en poste pour la plupart. Il est troublant de constater que, quinze ans auparavant, l'écrivain G.J. Arnaud évoquait une abomination du même ordre dans un roman d'aventure baptisée

(1) *Fortin Mapocho* était un peu alors l'équivalent chilien de *Libération* première formule. Il a depuis cessé de paraître, faute de moyens financiers, et aussi en raison des diverses attaques judiciaires qu'il a subies pour ses positions irrespectueuses vis-à-vis de le la nomenklatura pinochettiste, toujours en place au Chili. Plusieurs de ses collaborateurs ont été incarcérés, notamment sous l'accusation de complicité avec des groupes de guérillas tels les *Lautaro*.
(2) La *Cutufa* était la caisse noire des hiérarques militaires, sous la dictature de Pinochet, constituée de fonds provenant aussi bien du pillage des biens de dirigeants politiques déchus que du trafic de drogue et de la prostitution.
(3) Notamment dans l'hebdomadaire *La Vie Ouvrière* du 20 mai 1991.

Les momies de Mexico[1] qui dénonçait avec vigueur les crimes de la dictature militaire sévissant alors en Argentine.

Notons donc une fois encore que, dans le domaine de l'horreur, la réalité dépasse largement la fiction.

Gérard Delteil, février 1996

(1) Éditions Fleuve Noir, collection Espionnages, série Le commander, 1980.

Cet ouvrage a été imprimé
sur presse Cameron
par ***Bussière Camedan Imprimeries***
à Saint-Amand-Montrond (Cher)
en septembre 1999

– N° d'édition : 39371. N° d'impression : 994100/1. –
Dépôt légal : mai 1996.

Imprimé en France